Na Ubook você tem acesso a este e outros milhares de títulos para ler e ouvir. Ilimitados!

Audiobooks Podcasts Músicas Ebooks Notícias Revistas Séries & Docs

Junto com este livro, você ganhou **30 dias grátis** para experimentar a maior plataforma de audiotainment da América Latina.

Use o QR Code

OU

1. Acesse **ubook.com** e clique em Planos no menu superior.
2. Insira o código **GOUBOOK** no campo Voucher Promocional.
3. Conclua sua assinatura.

ubookapp

ubookapp

ubookapp

Paixão por contar histórias

FERNANDO MORAES

SOCIEDADE DO
VAZIO

E O PODER TRANSFORMADOR
DOS BONS AFETOS

© 2022 Fernando Moraes

Todos os direitos reservados. Nenhuma parte deste livro pode ser utilizada ou reproduzida sob quaisquer meios existentes sem autorização por escrito dos editores.

EDIÇÃO	Nikita Sigrist
COPIDESQUE	Eduarda Rimi
REVISÃO	Vivian Sbravatti
CAPA E PROJETO GRÁFICO	Clarissa Duarte
IMAGEM DA CAPA	MicroStockHub | iStock

Dados Internacionais de Catalogação na Publicação (CIP)
(Câmara Brasileira do Livro, SP, Brasil)

Moraes, Fernando

Sociedade do vazio : e o poder transformador dos bons afetos / Fernando Moraes. – Rio de Janeiro : Ubook Editora, 2022.

ISBN 978-85-9556-235-6

1. Afeto 2. Filosofia 3. Sociedade I. Título.

22-133132   CDD-128.3

Índices para catálogo sistemático:
1. Afeto : Filosofia 128.3

Cibele Maria Dias - Bibliotecária - CRB-8/9427

Ubook Editora S.A
Av. das Américas, 500, Bloco 12, Salas 303/304,
Barra da Tijuca, Rio de Janeiro/RJ.
Cep.: 22.640-100
Tel.: (21) 3570-8150

"Todos temos força suficiente para suportar
os males dos outros."

François de La Rochefoucauld,
Reflexões ou sentenças e máximas morais

Prefácio 09
Introdução 13

CAPÍTULO 1 | Gestos humanizantes — a poesia fala e a alma responde **17**

CAPÍTULO 2 | Filosofia dos afetos – o mundo como vontade e desilusão **27**

CAPÍTULO 3 | Liturgia do não afeto **35**

CAPÍTULO 4 | Sensibilidade afetiva **41**

CAPÍTULO 5 | Sombras imorais **47**

CAPÍTULO 6 | O ter não pode nos ter **53**

CAPÍTULO 7 | Os bons afetos como poder curador **59**

CAPÍTULO 8 | O riso como potência de afetos **65**

SUMÁRIO

CAPÍTULO 9 | Seja gentil, mesmo que ninguém veja 71

CAPÍTULO 10 | Desencanto coletivo 77

CAPÍTULO 11 | O vazio da pertença 83

CAPÍTULO 12 | O ódio está entre nós 89

CAPÍTULO 13 | Amorosidade como recuperação do ser em nós 95

CAPÍTULO 14 | Bondade como mercadoria 103

CAPÍTULO 15 | O tempo e sua vivacidade 109

CAPÍTULO 16 | Sociedade do êxito 115

CAPÍTULO 17 | O que faremos? 123

CAPÍTULO 18 | Eudaimonia coletiva 129

PREFÁCIO

Respostas. Há respostas?
   Para as perguntas que são de todos. Suas, minhas, deles.
   De bilhões de humanos.
   Quem sou?
   O que é a vida? O que é a minha vida?
   O que está acontecendo no mundo? Como me relaciono com as pessoas que amo?
   Como me relaciono com os outros; amigos, vizinhos, semelhantes?
   Como entender esta polarização que consome nossas vidas, nosso ânimo, muitas vezes nossa vontade de viver?
   O que faço pelo outro? E por mim?
   Por que a maioria de nós se sente solitária?
   Como entender a violência que permeia tudo?
   Por que somos egoístas, inflexíveis, só nós temos razão, não damos o braço a torcer em momento algum?

Quantas vezes estendemos a mão ao outro e indagamos: quem é você?

O que precisa?

Como posso estar ao seu lado?

Sua dor é física, ou apenas enorme angústia?

De onde vem tanta ânsia?

Por que estamos tão fechados em nós mesmos?

Por que esta pressa, velocidade generalizada?

Por que a Rússia invadiu a Ucrânia?

Por que a política não pode ser um campo de paz, fraternidade, entendimento, em lugar de semear ódio, impiedade, maledicências, desesperança, iniquidades, dores, desavenças?

A palavra piedade desapareceu do vocabulário?

E compaixão?

E amor ao próximo?

O que é o coração?

Você sabe que tem um?

Alguma vez agarrou e conversou com seu coração, ou acredita que isso é doideira?

Os sentimentos servem para quê?

O que pretendemos nesta disparada insensata rumo ao nada?

Alguma vez você parou, olhou para alguém ao seu lado e indagou: por que chora?

Por que tal desespero?

Por que tanto medo?

Por que se sente só?

O que pretende de sua vida?

No que acredita?

Do que tem tanto medo, e por isso se torna agressivo, insensato, desumano, impiedoso?

Eu poderia acrescentar aqui mais um milhão de perguntas. Porém te digo: este livro, de uma simplicidade exemplar, de franqueza ímpar, é uma grata surpresa. Veja como Fernando Moraes navega por todos estes assuntos, e outros mais, que dizem respeito a nossa desumanização, incompreensão e buscas por respostas, por calma, luz e compreensão, numa linguagem nada acadêmica e inacessível. Como tais livros fazem falta no mundo de agora. Que bom tê-lo em mãos.

IGNÁCIO DE LOYOLA BRANDÃO[*]

---

[*] Ignácio de Loyola Lopes Brandão é contista, romancista e jornalista. Um dos grandes nomes de nossa literatura, é membro da Academia Brasileira de Letras e vencedor, dentre outros tantos prêmios, do Jabuti (2008).

INTRODUÇÃO

Redijo este princípio depois de reler o que escrevi no último capítulo deste livro. É quase um efeito reverso literário, sem os dedos coordenados com o imaginário nas teclas do meu computador. Escrevo para chegar ao início e não ao fim.

Em todos os livros que publiquei, sempre mantive a instabilidade literária. Gosto de ser instável. A estabilidade me acomoda, por isso fujo dela quando a sinto na mente. É uma compulsividade, uma necessidade de me afastar de pensamentos conformistas. Entretanto, existe algo que é permanente em mim, que não está no mundo visível ou palpável e talvez seja minha maior necessidade existencial. Para muitos pode até parecer piegas, mas, na minha vida, é totalizante: os gestos delicados de afetos e sentimentos são o que me conduzem.

Isso me coloca cotidianamente numa berlinda nas rodas da filosofia, em especial na acadêmica, que tornou o amor pela sabedoria uma disputa intelectual, cheia de soberba e luxúria. Decidi que não quero fazer parte disso. Faço questão de deixar claro o meu respeito pelos colegas que lá se deleitam, mas prefiro uma produção filosófica repleta de sentidos e gestos delicados da existência humana. No entanto, depois de um longo tempo amadurecendo o texto, resolvi me debruçar sobre uma filosofia poética, que seja capaz de treinar o olhar para as coisas boas que temos potencial para realizar, a fim de fazer valer a pena nossa temporalidade em meio aos absurdos que tudo isso envolve.

Neste livro, você certamente não encontrará o desconhecido; é um texto-espelho, por isso aviso de antemão que tudo já estava dentro de você, bastava um despertar de olhares que pudesse aflorar sua essencialidade do ser. Nesta mistura de filosofia com poesia, temos um resultado que nos desafia a querer viver, e achar em nós os gestos humanizantes é dar potência a nossa vivacidade existencial. Um processo cheio de anamnese, uma verdadeira rememoração do ser, nos referenciando, com nossas dores e amores, os caminhos e trajetos que percorremos ao longo da vida, sobretudo em tempos de vazios preenchidos por outros vazios, uma busca incessante pelo que não tem importância, uma sedução pelo que se esvai, pelo que não permanece e que, mesmo assim, a liquidez torna um fetiche coletivo. Uma sociedade esvaziada de si mesma, rasa nas necessidades comuns e intensa na individualidade ilusória, tacanha e cafona.

Boa leitura!

OLHA NO FUNDO DAS COISAS. QUE A QUALIDADE ESPECÍFICA E O VALOR DE NENHUMA PASSEM DESPERCEBIDAS PARA TI.

| MARCO AURÉLIO, *MEDITAÇÕES*

CAPÍTULO 1

GESTOS HUMANIZANTES — A POESIA FALA E A ALMA RESPONDE

O grande poeta das Américas, o guatemalteco Luís Cardoza y Aragón, definiu que a poesia é a única prova concreta da existência do homem. Uma definição existencial refinada por percepções afetivas — o que não quer dizer que somente os poetas sentem isso, até porque não há nada mais antipoético do que achar que a poesia concerne somente aos poetas, como também não há nada mais antifilosófico do que achar que a filosofia pertence apenas aos filósofos. Todos nós somos capazes de externar olhares que escapam dessa rotina que a sociedade do consumo nos impõe. Quando discorro sobre a importância de gestos mais humanizantes entre nós, estou falando, nada mais e nada menos, de toda obviedade que isso contempla. Uma obviedade que aparece quando somos surpreendidos pela delicadeza de alguém, que, mesmo inesperada, nos impacta profundamente e nos enche de uma humanidade outra, uma humanidade que se diferencia daquela que se acostumou com o imediatismo das relações do ter, dos interesses e do jogo viral do poder e seus aprisionamentos.

Em um mundo conflitivo em suas relações de pertença, demonstrar afeto se tornou sinal de fragilidade. Percebo um padrão estabelecido que regimenta uma forma de ser e ter, nos condicionando a uma robotização das relações. Até para nos emocionar, temos que seguir uma regra moral, como se nossos sentimentos estivessem dentro de um cardápio e escolhêssemos o prato do dia. O abade francês Bernardo de Claraval nos ensina que mais importante do que o conhecimento, que apenas nos faz conhecedores, é a nossa capacidade de nos emocionarmos, pois é a emoção que gera a sabedoria. Se tem uma coisa que nos aproxima é a comoção. Não existe uma mente, por mais racional que seja, que não se sinta envolvida pela energia da emoção. Para alguns, estar emocionado é estar vulnerável, o que entendo ser o Santo Graal da questão, pois quando sou tomado pela emoção é o exato momento que me fortaleço e reconheço em mim o que me dá sentido. Não existe emoção sem sentimentos.

É no cotidiano que encontramos os mais belos e singelos gestos de alteridade, generosidade, solidariedade e tantos outros bons sentimentos, que nos fazem esperançar dias melhores. Quando começamos a nos inundar com os olhares fatalistas sobre a humanidade, acima de tudo pelas atrocidades que as pessoas são capazes de fazer com a natureza e com seus iguais, sempre há alguém ou um ser do mundo animal pronto para nos surpreender pela gentileza delicada e impactar nosso coração com otimismo.

Outro dia, estava saindo de uma gravação de palestra e me deparei com uma cena daquelas que dão vontade de congelar o tempo para observarmos os detalhes, as expressões, os sorrisos e os sentidos externados nos abraços para nos impregnarmos com aquelas imagens que nos habitarão permanentemente. Era uma senhora que, ao passar pela rua, viu um rapaz jovem, de porte atlético, intimidando o guardador de carros. Aos gritos, ele gesticulava insultos de toda ordem. A senhora, indignada diante de tamanha falta de compostura e educação do valentão, chegou perto dele e perguntou: "Por que você grita tanto? Qual é a sua dor? Só grita quem sente dor. Alguém te machucou?"

O jovem, desconcertado pela intervenção sutil e inesperada, foi logo se justificando: "Ele mexeu no ajuste do banco do meu carro. Não gosto que façam isso." A senhora, perplexa pela motivação rasa, porém munida de delicadeza, olhou para aqueles dois indivíduos, donos de histórias diferentes e com um aparente abismo de acesso material entre si, e disse: "Apertem as mãos." O guardador de carros reagiu com indignação, pois a vítima da humilhação havia sido ele. O jovem valentão repudiou o gesto, confirmando sua arrogância e seu orgulho. Então, a senhora, com a voz em estado de tranquilidade da alma, sentenciou: "Sou muito mais vivida que vocês dois e, portanto, acho que posso contribuir. Esse carro é um objeto. Ele tem um fim determinado, assim como tudo que o compõe. Vocês dois também possuem um fim, pois a única coisa certa que temos é a nossa finitude, e inclusive estou bem próxima da minha. Essa ira de um e a resistência ao perdão do outro não agregam nada. Para você que acha que gritar, humilhar e intimidar alguém pela força é algo normal, pense que dessa vida você não leva nem você mesmo. E para você, que mesmo diante de uma humilhação recebida, não consegue estabelecer um gesto de paz, compreenda que o que mais nos enobrece é a humildade em estender e receber as mãos de alguém."

Ao terminar de falar, a senhora fez apenas um gesto com a cabeça e os dois apertaram as mãos, se desculparam com palavras e um abraço encerrou a contenda. O mais impressionante: a senhora saiu andando como se nada tivesse acontecido, parou numa banca de frutas e verduras, escolheu um pé de alface e seguiu seu caminho. Quanta beleza enxergo nessas imagens! Vi tudo de perto sem entrar em cena, fiquei ali quietinho, aprendendo um pouco com aquela aula de humanidade vinda de uma senhora já cansada do corpo, mas com o coração cheio de amor.

Entre tantas histórias que conhecemos e presenciamos, estar imerso em exemplos como esses, que são cheios de esperança, nos coloca diante de uma impulsão de vida. A poesia possui o fantástico poder de nos surpreender com as delicadezas de sentidos e sentimentos. Ela carrega para a alma, através de palavras, o que no mundo aparente não se pode compreender. Não é à toa que os humanos que cultuam a intriga, o conflito, a raiva e o ódio ficam constrangidos diante dela. É como o crucifixo para o vampiro que não suporta o luminar em suas trevas. Tem gente que não lida muito bem com os afetos. Se sentem deslocados e, na maioria das vezes, disparam narrativas prontas de virilidade, força e coragem, que não passam de uma vestimenta moral enganosa e ilusória.

É como na história africana do doce herói Kirikou: um menino que, já no ventre da mãe, apresenta sua genialidade em ser generoso e bondoso. Ainda pequeno, já identifica um grande problema que afeta a paz e a tranquilidade do seu povo. Karabá, a bruxa que representa o mal, aterroriza sua gente e projeta um futuro incerto, submetendo todos ao medo, à dor e à desesperança. Kirikou, diferente das histórias dos fortes e valentes guerreiros africanos, não anda armado, não comanda exércitos e muito menos se vale da força física. Toda sua coragem e valentia estão em sua doçura, simplicidade, calmaria, e em seu olhar meigo e amoroso, que oferece até mesmo para aqueles que lhe fazem mal. Ele não usa roupas, enquanto sua oponente Karabá ostenta luxúria e poder. Nosso herói fica intrigado como alguém pode ser capaz de sentir tanto ódio. A despeito dos outros que temiam e tremiam só de pensar em Karabá, Kirikou queria compreendê-la e tentar de alguma forma ajudá-la a se libertar da prisão dos maus sentimentos. Depois de várias tentativas da bruxa de tentar matá-lo, ele vai procurar o sábio da montanha para aprender mais sobre a feiticeira. Assim, acaba descobrindo tudo sobre Karabá e os motivos de tanta maldade em seu coração. Descobre, na verdade, que há uma maldição: um espinho nas costas da bruxa a faz sentir tanta dor, que ela transforma tudo em ódio e confusão. Sendo assim, Kirikou consegue armar um plano e retirar o espinho, acabando com a maldição. Acho lindo e incrível esse conto, em que é possível enxergar bondade, generosidade, alteridade, perdão e a importância singular do amor.

Não é na força, na violência, na pressão ou em qualquer outro subterfúgio fora do respeito, da cordialidade e da educação que conseguimos nos compreender. Pensar a existência a partir dos rótulos que vamos colocando uns nos outros é enfadonho. A pandemia de covid-19 nos alertou sobre a mais absoluta verdade que temos enquanto seres viventes, que é a nossa efemeridade, nossa finitude. Como disse Henri Bergson, filósofo francês, tudo que existe, existe para desaparecer, inclusive nós. Por isso, o tempo se torna um grande enrosco que, apesar de ser a coisa mais importante para refletirmos, é a que mais vilipendiamos no processo de existir. E, mesmo assim, o comportamento social apresenta traços cada vez mais preocupantes em relação à coletividade.

Um processo de desumanização está em curso, e a triste constatação é que o protagonista disso tudo ainda é o próprio ser humano. Quando apresentamos um comportamento de desinteresse pela vida alheia, fica notório nosso esvaziamento de alteridade. Estamos perdendo a capacidade de nos emocionar, de rir de nós mesmos e de achar beleza na simplicidade. Rubem Alves, mestre das palavras delicadas, nos lembra: "Nós não vemos o que vemos, nós vemos o que somos. Só veem as belezas do mundo aqueles que têm belezas dentro de si." Quando esquecemos de ser o que somos, nossas histórias, trajetórias e valores vão se esvaindo no comodismo, e isso encurta a visão, já que ficamos descomprometidos com o entorno, olhando apenas para aquilo que, de certa forma, nos convém. Este é o perigo do mundo material: vai coisificando as relações e tirando a alegria dos detalhes.

O filósofo franco-argelino Albert Camus, em seu romance existencialista *O estrangeiro*, apesar de negar ser adepto de tal corrente filosófica, mostra o personagem principal, Meursault, levando uma vida indiferente a tudo e a todos. Para ele, nada faz sentido, o mundo é vazio e não lhe desperta interesse algum. Quando Meursault é avisado da morte da mãe, recebe a notícia de forma fria. Depois, fica amigo de um vizinho que arruma problemas com árabes e acaba matando um deles, sendo sentenciado à morte; mas, mesmo diante dessa situação, permanece indiferente. Ele, de fato, é um estrangeiro, não acha lugar no mundo nem se encaixa a nada e a ninguém. Além do crime que cometeu, é condenado pela falta de sensibilidade com relação à morte da mãe, sendo considerado menos humano por não sentir o que outras pessoas sentem em determinadas circunstâncias.

Imaginar uma pessoa como Meursault na década de 1940 era uma aberração. Agora pense no personagem nos dias de hoje; certamente, cada um de nós o conhece de alguma forma. Quantos "estrangeiros" existenciais há em nosso meio, a nossa volta, em nossa própria família? Pessoas que não se importam, passam a existência sem vivacidade, alienadas à angústia e à desesperança de uma visão tacanha e empobrecida do mundo. É fato que a morte é inevitável e que, independentemente do que fazemos aqui, nossa temporalidade tem um percurso determinado, entretanto, socraticamente, uma vida que não é examinada não vale a pena ser vivida. Na poesia, assim como na filosofia, pensar a existência está no intangível. Não é no olhar costumeiro que encontramos o despertar. Um coração ingrato se comportará com ingratidão em qualquer lugar e um coração grato sempre agirá com gratidão no pouco e no muito, em qualquer situação.

O que nos humaniza não é a morte em si, mas a forma como vivemos. Reconhecer nossa vulnerabilidade enquanto mortais é primordial para darmos potência ao processo de existir. Na poesia de Pablo Neruda, encontramos uma alma que não quer descansar na imortalidade, ao contrário, essa alma anseia pela luta a favor da solidariedade, da justiça e de toda forma de amor. Neruda nos apresenta uma fórmula poética, que é capaz de revelar os gestos mais humanizantes e delicados que o humano possa externar, como no "Soneto XVII", que compõe uma das obras mais lindas da poesia mundial, *Cem sonetos de amor*, publicada em 1959. Perceba o alto grau de sensibilidade e refinamento de sentidos e sentimentos que as palavras entoam:

SONETO XVII[1]

(...)
Te amo como a planta que não floresce e leva
dentro de si, oculta, a luz daquelas flores,
e graças ao teu amor, vive escuro em meu corpo
o apertado aroma que ascendeu da terra.

Te amo sem saber como, nem quando, nem onde,
Te amo diretamente sem problemas nem orgulho:
Assim te amo porque não sei amar de outra maneira,

senão assim deste modo em que não sou nem és,
tão perto que tua mão sobre meu peito é minha,
tão perto que os teus olhos se fecham com meu sonho.

É um profundo estado de gentileza divina do poeta, uma percepção sagrada em achar palavras que revelem sutilezas e delicadezas de

---

[1] Retirado de *Cem sonetos de amor*, L&PM Editores (1997). Tradução de Carlos Nejar.

que somente o ser humano é capaz. É pela poesia que me pergunto onde e quando fomos capazes de tencionar a musculatura dos afetos. A ternura virou símbolo da fragilidade, cheio de pejorativos incompatíveis com a natureza da palavra. A generosidade se transformou em produto de prateleira, sendo utilizada de acordo com a demanda. A solidariedade se deteriora em meio aos egocêntricos do bem, que se vangloriam pelo bem que fazem, como se buscassem um prêmio de reconhecimento. O respeito virou peça de museu, e a sociedade do consumo determina seus critérios de pertença e acha que somente aqueles que se enquadram nessa redoma devem ser respeitados e admirados. Que triste momento da humanidade: até para falar de amor temos que contar com a hipótese do "cancelamento", termo popular das redes sociais, pois, não importa o conteúdo, de qualquer maneira terá alguém odiando, caluniando e insultando atrás de uma tela, de uma tecla, de forma covarde e medíocre.

Resgatar os gestos humanizantes é nos libertar do limbo de ódio em que nos encontramos. Quando decido que abraçarei, acolherei e ouvirei os que de mim precisam, estou dando significados à minha existência. No livro *O direito à ternura*, de Luís Carlos Restrepo, que é um chamado para uma comunidade de sentidos, o autor faz uma análise histórica das relações de poder e dominação nas sociedades humanas, colocando a ternura como ponto de reflexão, considerando que passamos boa parte da história do mundo em meio a guerras e disputas de poder, que deflagraram comportamentos de vingança e outros aprendizados impregnados em nossa cultura. Isso expõe como as atitudes afetivas, responsáveis pela aproximação de pessoas, foram e ainda são propositadamente reprimidas. A anulação dos afetos e dos vínculos é um projeto de poder, pois, na ausência desses, é mais fácil conquistar e dominar.

Os afetos exigem responsabilidades, em especial num mundo que se acostumou com a crueldade, a humilhação, o sofrimento e a dor que fere a dignidade humana. A banalização dos gestos humanizantes é reflexo do esvaziamento do sentido de pertença entre nós. O consumo invadiu os campos verdejantes do amor e tudo que dele se reverbera. O mundo ficou sem cor, sem forma, com uma multidão em busca de sentido, mas que faz tudo para não o achar. Torna-se necessário encontrarmos nosso mais amável e sutil recreio, como na poesia de Mario Quintana: "Não te irrites, por mais que te fizerem. Estuda, a frio, o coração alheio. Farás, assim, do mal que eles te querem, teu mais amável e sutil recreio."

"

SABER VIVER HOJE É O VERDADEIRO SABER.

| BALTASAR GRACIÁN, *A ARTE DA PRUDÊNCIA*

CAPÍTULO 2

**FILOSOFIA DOS AFETOS — O MUNDO
COMO VONTADE E DESILUSÃO**

A filosofia sempre foi dispersa na reflexão dos sentimentos. Os filósofos, de um modo geral, buscavam a racionalidade como premissa de suas observações. É fato que não se pode generalizar, entretanto, compreendo os sentimentos também como um processo racional, pois o meu sentir depende de como penso, e isso faz toda a diferença para interpretar o mundo. Já a filosofia pensada como campo dos afetos teve intensa produção de pensamentos por filósofos como Spinoza, Deleuze e Guattari. Em comum, eles usaram o conceito para designar um estado de alma, um sentimento.

Seres humanos são animais racionais, mas, além disso, são também animais afetivos. Baruch de Espinosa, filósofo holandês, nos conduz por sua filosofia com um alerta: afeto é tudo que nos afeta de alguma forma. Existem afetos ruins, que nos afetam de forma negativa, por isso identificá-los é parte da ciência intuitiva, nos levando a compreender as forças que podem comprometer nossa existência. Assim, segundo Spinoza, precisamos perseverar na busca dos bons encontros que possam produzir em nós paixões alegres que potencializem nossa capacidade de agir para um bem maior.

Falar de sentimentos e sentidos num mundo raso de humanidade é um desafio e tanto, em especial pelas vestimentas morais que norteiam as sociedades. Vivemos de representações sociais que se adequam a critérios de pertencimento de toda ordem, com narrativas medievais sobre bons costumes e família tradicional, cheias de conservadorismo e tementes a um deus-propriedade acima de todos. É um discurso cheio de valores sociais, morais e protecionismo dos iguais, mas, se apertarmos um pouco, acharemos a alma imoral pairando como uma sombra maligna sobre os que se dizem tentados pelo "coisa ruim". É o mundo como vontade e desilusão, repleto de desculpas pelo insucesso da existência. Uma existência vívida está muito distante desse falso moralismo inundado de ilusões. Tenho visto amigos próximos nas redes sociais — palco da representação da felicidade supérflua —, dando um show em seus papéis de cidadãos de bem, enquanto, na realidade nua e crua, seus testemunhos são contraditórios e muito diferentes. Não julgo, não aponto o dedo e muito menos me interesso por essas contradições da vida alheia, apenas os menciono aqui pelo meu exagerado inconformismo social, posto que muitos desses gastam a maior parte de seu tempo desferindo golpes de anulação do outro, com "argumentos" baseados em preconceitos, intolerância e ódio, se utilizando de seu conservadorismo covarde e mentiroso.

Criam ilusões do mundo perfeito, ignorando as próprias imperfeições. Rastejam por aceitação a qualquer preço. Se anulam, se aprisionam e fogem do que se é. Se esvaziam de bons sentimentos em face de uma aparência aceitável. Uma vida sem sentido produz o horror. Falar de afetos para essas pessoas é quase que um escárnio: de prontidão repudiam e, quando não, lançam mão de narrativas vazias, reproduzidas irrefletidamente, alegando "mimimi" e outras bobagens que são resultados de um processo de idiotização cultural. Acredito verdadeiramente no poder transformador dos bons afetos, dos gestos delicados que contemplam a acolhida, o aconchego, o abraço e tudo que de alguma forma impacta positivamente o outro.

Sou prova existencial de como as relações de afetos superam até as vulnerabilidades sociais. Nasci, cresci e me formei adulto num ambiente cheio de privações econômicas. Minha mãe se desdobrava de todas as formas, com vários trabalhos para garantir o aluguel, nossa alimentação e nossos estudos. Minha avó cuidava da nossa integridade física e emocional, e, mesmo diante das adversidades, os afetos eram intensos, recheados de afagos e de palavras acolhedoras, como "vai dar certo", "tudo vai ficar bem", "eu amo vocês", e assim nos sentíamos os seres mais especiais do mundo. Não tínhamos a roupa da moda, o tênis do momento e morávamos na casa mais velha do bairro, mas o sentimento de pertença era especial.

Pude também verificar no meu trabalho com homens e mulheres em privação de liberdade, no sistema prisional de São Paulo, como a ausência dos bons afetos determinaram os rumos de vida de muitas daquelas pessoas. Me lembro que, certa vez, numa entrega de certificados de um percurso formativo, cumprimentando os concluintes com um abraço, observei que todos se sentiam desconfortáveis com tal ato. Ao término da cerimônia, um deles se aproximou de mim e confidenciou que estava emocionado, pois aquele era o seu primeiro diploma. Em seguida, fez questão de justificar sua reação ao meu abraço na entrega do certificado: ele disse que durante toda a vida — e isso é um fato para a maioria das pessoas que estão presas, sendo em grande parte negras, pobres e oriundas dos infortúnios de uma sociedade desigual — não soubera lidar com sentimentos e tudo que de alguma forma fugisse da brutalidade do mundo ao seu redor. O abraço tem um significado muito forte, como se fosse um despertar de sentidos, de existência, de recuperação do humano. Aquilo realmente me emocionou.

Desde criança, ouço que o amor vence tudo. Por várias vezes coloquei isso em xeque, em especial na juventude, vendo meus amigos desfrutarem de todo o potencial desta fase enquanto eu encarava obrigações mais severas do universo adulto, tendo que me preocupar com o que comer, com o que vestir e como pagar religiosamente o aluguel para ter onde dormir. Isso me trouxe muitas dores e dissabores, mas nunca transbordou para a revolta. Era estranho, pois tinha um sentido reverso: eu me alimentava de esperança, alicerçado por um amor genuíno que tinha dentro de casa, o amor ágape e incondicional. Lembro dos gestos silenciosos da minha avó: poderia ser apenas um pão com manteiga a ser servido, era o que tinha, mas ela caprichosamente montava a mesa, colocava a melhor toalha, sempre colorida, e nos sentávamos para comungar diante das dificuldades os nossos afetos sinceros e cheios de entusiasmo.

Os desejos demandados pela ideia do *ter* são o que comandam nossas desilusões, as frustrações por não se ter o que se quer. Vejo pessoas esvaziadas de afetos e resistentes aos bons sentimentos que se aprisionaram às próprias ilusões. A ilusão do cargo que ocupa, do carro novo que adquire, do conforto material de que desfruta, e então, quando alguma dessas coisas se perdem, as desilusões se apresentam com vivacidade e a visão de mundo fica comprometida. Tudo vira motivo de desagrado, terceirizam responsabilidades — sempre algo é culpa de alguém — e não há mais alegria, apenas olhares fatalistas para tudo e para todos.

Colocar o coração nas coisas é viver na ponta do abismo existencial. Tudo que conhecemos, inclusive o que amamos — entre elas as coisas, as pessoas, os animais e aquela coleção de selos colonial —, vai desaparecer. Tudo tem seu tempo determinado, mas isso não é uma questão metafísica, já que temos também o poder de intervir nesse tempo determinado. O amor vence, sim, inclusive o amor-próprio, com o qual, diante de uma situação de violência contra nossa dignidade, podemos e devemos interferir para nos salvar. É assim, por exemplo, em casos abusivos envolvendo uma mulher que é submetida aos piores gestos de crueldade dentro de um relacionamento; e quantas vezes ela não escuta de pessoas, de instituições (especialmente as religiosas) que deve suportar aquilo porque "vai passar"? Mas não passa, uma vez que não se trata do amor sobre o qual busco refletir neste livro. Aliás, isso não é amor em qualquer outra condição, é violência, abuso moral, emocional e físico, que fere a dignidade humana. Não é amor. É opressão. É dor e sofrimento. Deixa de ser humano e vira coisa, de modo que podemos interferir em sua existência e fazer com que desapareça.

Precisamos estar atentos às imagens que criamos durante o processo de existir, porque a forma como pensamos é indissociável do que sentimos. Tem muita gente que pensa errado porque sente errado, e isso conduz ao caos. Cuidar das imagens de afetos é cuidar de si, do próximo e do distante. Quando ouço alguém vociferando preconceitos, identifico imagens horríveis de sentidos e maus afetos naquela pessoa. Na verdade, ela não está mostrando o que se é, como alguns costumam com simplismo definir: o que está em jogo não é o ser, mas as imagens construídas ao longo da vida daquela infeliz alma andante. O ser continua ali, esperançoso de uma mudança das imagens.

A mente dos reacionários é território fértil para essa horrível visão de despertencimento da vida, do mundo e das coisas. Reagem de acordo com os imediatismos de suas imagens, sem se perceberem como parte de tudo que irá desaparecer, e por isso não dão potência aos seus processos de existir. Estão sempre na busca de anular a existência alheia, não processam imagens de alteridade, de solidariedade e de compaixão. Beiram a uma psicopatia do não afeto, do não sentido e do não amor.

Me deparo quase todos os dias com pessoas que agem assim. Algumas me surpreendem pela contradição dos rótulos que usam como diferencial para a própria existência, se intitulando religiosas e cidadãs de bem, protetoras da moral, dos bons costumes e dos valores familiares. Entretanto, por debaixo de suas vestimentas moralistas, escondem uma alma imoral, cheia de obscurantismos e crueldades nas imagens que as habitam. Tanto condenam, julgam, humilham e destroem reputações, embaladas numa mentira a vácuo, que a consciência no travesseiro não repousa em momento algum, pois um coração cheio de ódio produz uma permanente perturbação da alma, do corpo e do espírito.

Não consigo imaginar um coração agradecido e solidário agir de modo cruel com o diferente. Não faz parte dos olhos que acolhem um comportamento misógino, homofóbico, preconceituoso e intimidador. Vivemos em tempos de humanos raivosos. Percebo uma evidente crise de civismo explodindo entre nós. Nunca foi tão desafiador viver coletivamente, estamos em fuga constante, nos escondendo da presença física e cada vez mais virtualizando nossas relações. Os espaços de comunhão estão sendo reduzidos, e isso agrava nossa crise de pertencimento.

Com as vontades reprimidas, alguns se desiludem do mundo e criam verdades para disfarçar responsabilidades. Criam um mundo paralelo e se divorciam aos poucos da realidade, provocando comportamentos reacionários sem olhar para o próprio testemunho de vida. Mesmo diante de um cenário como esse, ainda acredito na força da gentileza, dos bons afetos, das delicadezas que o humano pode produzir. Em qualquer situação, por mais dura que seja, a demonstração de gestos de acolhida entre nós ainda é o grande diferencial para acreditar na humanidade.

> ONTEM À NOITE, QUEBREI MEU CÁLICE CONTRA UMA PEDRA...
> MINHA CABEÇA GIROU POR EU TER FEITO TAL COISA. E O CÁLICE ME DISSE EM SUA LÍNGUA MÍSTICA: 'FUI COMO TU, TU SERÁS COMO EU UM DIA'.
>
> | OMAR KHAYYÁM, *RUBÁIYÁT*

CAPÍTULO 3

LITURGIA DO NÃO AFETO

Nunca se produziu tanta literatura de autoajuda como nos últimos trinta anos. E deixo claro que nada tenho contra esse especial estilo literário, considerando o aforismo "Conhece-te a ti mesmo", de Sócrates, como a maior referência da filosofia para pensar sobre o ser, sobre os outros e sobre as coisas. Os títulos dessas obras são sugestivos; há livros e livros sobre "dez passos para a felicidade", "para o amor", "para o sucesso" e para tantos outros desígnios, como se o campo dos sentidos, dos significados e dos sentimentos fosse tangível e pudéssemos manuseá-lo da forma que nos convém. Talvez você tenha adquirido este livro com propósito semelhante, e lamento muito não corresponder às suas expectativas, pois eu também preciso de ajuda, e por isso estamos do mesmo lado. Não acredito na autossuficiência e em super-humanos, sempre acreditei que precisamos uns dos outros. O produto humano revestido de sucesso ainda é objeto de desejo, está disponível nas prateleiras do mundo do *ter* e pouco dialoga com o mundo do *ser*. Defendo que valor humano está na história das pessoas, sem recorte material; está na essencialidade, no bem que fazemos e em como nos comportamos nas diferenças, dando dignidade à existência diante de sua finitude.

Percebo uma apatia coletiva com relação ao que nos conecta como humanos, sendo notório o esvaziamento de civilidade. Passamos ciclicamente pelos tempos sombrios de outrora, alguns beirando comportamentos medievais, o que reafirma nossos insucessos geracionais. É como se o mundo não fosse capaz de resolver alguns problemas históricos e ainda reproduz outros de natureza sectária, machista, misógina, homofóbica — em suma, cruel. A história é testemunha de nossos fracassos. Temos tanta informação, tecnologia e aparatos que a modernidade nos oferece e, mesmo assim, em pleno século XXI, temos que defender o óbvio, como tratar outros com respeito e dignidade. Ainda lutamos pela aceitação das diferenças, para maturar algo tão simples de entender: a nossa maior riqueza é a pluralidade humana que nos abraça com totalidade.

Sempre tive grande apreço pelos gestos educados, de preferência os mais simples, que passam até despercebidos. São de uma beleza poética tão incrível que os olhos se espiritualizam. Por isso, percebo uma forte tentativa motivada por visões encurtadas das coisas e da finitude de ritualizar com protocolos os nossos bons afetos, como se pudéssemos controlar tudo que a vida nos exige. É como se fosse uma agressão expressar a ternura e seus efeitos mágicos. Sabemos que, quando o assunto é coração e tudo que essa figura simbólica carrega, estamos falando de sentimentos como dor, amor, desilusão, esperança, desesperança, desespero e outros que nos afetam tão profundamente. Todos nós já experienciamos isso na vida. Algumas situações provocam uma angústia que parece não ter fim, e depois, com o tempo, as coisas vão clareando, vamos enxergando melhor com a distância do problema e voltamos a ter esperança e a acreditar que tudo pode ser diferente. Isso é humano, não é coisa de outro mundo.

Ouço com frequência que o mundo está chato demais, como se o tempo presente fosse construído por alienígenas. Se o conceito de sociedade é artificial, ou seja, construído por nós, pode ser alterado e transformado. Se está chato, é porque estamos chatos. Não é responsabilidade do mundo, é nossa. A pandemia é o recorte mais latente de nossos fracassos enquanto espécie. De repente, todo mundo virou especialista em ciência, em vacina, em economia, em educação e saúde, com uma parte significativa sendo liderada por uma idiotização cultural sem precedentes. Discursos de ódio são projetados sobre tudo, inclusive com absurdos sendo tolerados, a exemplo do padre atacado por praticar seu ministério de amor, alimentando os que têm fome. Tudo virou motivo para achincalhar e tumultuar, e beiramos ao nível mais baixo, o da vala comum da ignorância. E é o mundo que está chato?

Trata-se de um tédio existencial carregado de uma falta de sentido e propósito. Albert Camus tratou disso na obra que citei anteriormente como sensação do absurdo e, em seu entendimento, existem apenas dois caminhos: se suicidar ou se reestabelecer. Parece radical a posição de Camus, mas a reflexão absurdista é fundamental para compreender que o ser humano não é absurdo, e muito menos o universo é absurdo; na verdade, o absurdo nasce da relação entre o universo e o humano. Estamos o tempo inteiro querendo impor ao universo nossas vontades e, com elas, nosso egoísmo. Exigimos clareza, sentido e unidade dentro de um espectro consumista e de autoinvestimento existencial, coisificado e não humanizado.

Reitero aqui a situação do protagonista do livro O estrangeiro, o senhor Meursault. Eis um camarada que desistiu da vida: perdeu a mãe, talvez seu único vínculo afetivo, foi preso por assassinar um árabe e adotou uma narrativa do "tanto faz", afirmando que poderia "morrer amanhã, ou morrer daqui a cinquenta anos, tanto faz; a eternidade que virá depois é a mesma que virá para todos". Quantas pessoas não se apresentam assim diante da vida, dando "tanto faz" para tudo, se sentindo divorciadas da realidade, estrangeiras nos próprios corpos e consciências. Ser estrangeiro na própria existência é esquecer de si mesmo. O tornar a ser se transforma em algo impermanente, dando margem para um território fértil de imediatismos e comprometimento de sonhos, de desejos, de vontades e, o mais importante, de viver a temporalidade com potência de existir.

Sem atrevimento filosófico, percebo uma nítida necessidade de nos alfabetizarmos afetivamente. Somos analfabetos de ternura, de alteridade, de empatia e de outros sentimentos que resgatam o humano em nós. Estamos, cada vez mais, colocando o coração nos objetos e não no essencial, como a amizade, a lealdade, o respeito e outros. Confundimos essencial com fundamental, o que são coisas distintas. Evidente que o dinheiro é fundamental, precisamos dele para comer, nos vestir e ter uma vida razoável diante das exigências econômicas, mas não quer dizer que é essencial, considerando a quantidade de pessoas ricas e infelizes na mesma proporção, assim como conhecemos pessoas com pouco dinheiro e privadas de muitas coisas e que são, na mesma desproporcionalidade, felizes, transformando as dificuldades em ferramentas. Estamos no auge da consumolatria sem precedentes, nos condicionando ao aprisionamento da ansiedade pelo amanhã. Nessa angustiante inquietação futurista, deixamos de dar valor ao presente. Esse modo de vida carregado de azáfama infertiliza cultivos tão especiais como a gratidão. Ser grato é um dos afetos mais lindos que o humano pode dar e receber.

Tenho encontrado muitas pessoas que se surpreendem quando recebem gentileza, generosidade e mesmo um sinal de respeito. Como se fosse algo inusitado, diferente e incomum. Isso demonstra nossos esvaziamentos. A cordialidade se tornou alvo da dúvida, que gera a desconfiança e, quando não, vira palco de julgamentos recheados de impropérios. A exemplo, lembro de um dia desses em que eu estava no trânsito. Parei no semáforo e observei que o carro ao lado estava com a porta traseira entreaberta, com crianças pulando no banco, todas sem cinto de segurança. Abri o vidro e avisei a motorista, que não quis nem me ouvir, já foi me desferindo palavras impublicáveis. Fiquei em silêncio, até que paramos juntos novamente no próximo semáforo. Ela me olhou fixamente, e eu mais uma vez abri os vidros e manifestei que só queria lhe alertar da porta aberta traseira, e nem falei da infração e do perigo das crianças sem o cinto de segurança. Nesse momento, vi uma transformação no semblante daquela mulher: ela ficou envergonhada e, quando o sinal verde nos avisou para seguir, a moça seguiu com o carro e foi me pedindo desculpas até onde me avistou. Os gestos de cordialidade ameaçam, agridem e destoam de um mundo cheio de rancor, mágoas, frustrações e equívocos.

66

SAIBAS, NO FUTURO, QUE TODA SITUAÇÃO ESTÁ SUJEITA A REVIRAVOLTAS E QUE TUDO O QUE ACONTECE COM QUALQUER PESSOA TAMBÉM PODE ACONTECER CONTIGO.

| SÊNECA, *DATRANQUILIDADE DA ALMA*

CAPÍTULO 4

SENSIBILIDADE AFETIVA

No clássico de Milan Kundera, *A insustentável leveza do ser*, Tomas, o personagem protagonista da obra, desconhecia totalmente as belezas dos bons sentimentos. Ele era obcecado pelos prazeres da carne, vivendo viciosamente na busca por sexo. Tomas repudiava toda e qualquer possibilidade de viver uma história de amor, livrando-se de todas as mulheres instantes depois de ter atendido a seus desejos e impulsos sexuais. Até que, um dia, sua história entra em erupção vulcânica, quando ele conhece a doce e gentil Tereza. Ela não era dona de uma beleza que saltava aos olhos, talvez numa multidão passaria despercebida. Mesmo assim, ele ficou encantado e, sem saber por que, não se livrou dela no dia seguinte.

Era um desejo incontrolável de tê-la por perto. Ele ficava examinando-a, refletindo o que nela lhe chamava tanto a atenção, e nada encontrava para explicar tamanha atração. Mas foi num momento que precisou cuidar de Tereza, adoecida e frágil, que Tomas compreendeu sua potência existencial: a tarefa do cuidado. Cuidar de algo frágil, sem forças e que dependia de sua generosidade. Foi ali que ele encontrou a força do amor, que o fez abandonar a trajetória de animal predador. Tomas foi tomado pela descoberta de sentido, por uma sensibilidade afetiva que o tirou da escuridão, como se fosse iluminado por uma luz que não veio de fora, mas que insurgiu de dentro de si, avivando sua alma e dando significados tão especiais jamais imaginados à sua fútil existência de outrora.

A sensibilidade é uma percepção de afetos totalizantes. Estar imerso em bons sentimentos nos conduz a sermos sensíveis com tudo que acontece à nossa volta. Por exemplo, um adulto que não percebe uma criança ao seu redor, que inocentemente brinca com a pedrinha e com o vento e fala com um amigo imaginário, é porque sucumbiu ao horror da insensibilidade. A visão de mundo fica feia, intempestiva e cheia de ressentimentos. É como na infância, quando brincávamos na rua e havia o conhecido "tio" que furava as bolas que caíam no seu quintal ou chamava a polícia por qualquer motivo, justificando perturbação do sossego. Tem gente que passa a vida emburrado e não se aproveita da existência para saber mais sobre ela e se entregar.

Eu costumava pensar que a longevidade etária é sinônimo de sabedoria. Não só pelo exemplo de minha avó em casa, mas por todas as pessoas mais velhas com quem convivi. Entretanto, agora estou na casa dos quarenta anos de idade e vejo os sexagenários de hoje em dia em sua grande maioria reacionários e imediatistas, com posicionamentos assustadores, propagadores do ódio, negacionistas e anuladores da história. Não posso generalizar, e também não tenho uma pesquisa com recortes técnicos para afirmar algo com exatidão em termos de números, porém percebo essa tendência. Percebo nessa geração de senhores e senhoras uma apatia diante dos desafios das futuras gerações, colocando seus insucessos geracionais como medidores do mundo presente. Conforme se caracterizou na filosofia antiga: não basta conhecer, é preciso viver. Afinal, todo saber é também um saber-viver, e não uma negação baseada sobre um olhar niilista da vida, do mundo e das coisas.

Um saber-viver não leva desaforo da insensatez, sempre dialoga com a vida, e nessa relação faz tudo respirar bem ao redor. Quando fiz o seminário de teologia, tive um professor maravilhoso, chamado Gerci. Dentre todos os mestres, muitos dos quais orgulhosos de seus títulos acadêmicos, ele era a personificação da simplicidade. O professor Gerci carregava uma grandeza de gentilezas, afetos e delicadezas tão especiais que jamais esquecerei. Em uma de suas últimas aulas, pouco antes de seu triste falecimento, ele falou sobre amorosidade como ministério de vida; independentemente dos caminhos que traçamos, nossa capacidade de amar é o que nos define.

Podemos acumular bens materiais, ocupar posição de destaque social, ser laureados por títulos de reconhecimento secular ou por qualquer outra validação que nos dê sensação de ser alguma coisa importante, porém, para o mestre Gerci, a vida não está no que ganhamos, e sim no que perdemos. Para ele, perder a sensibilidade de se compadecer, de amar incondicionalmente, de perceber os que sofrem ao nosso redor e de ser grato seria a maior tragédia que poderia nos acontecer. Ouço ainda a doce e leve voz de Gerci. É praticamente uma inspiração de corrente filosófica: "gercianiano" convicto.

Perder o que em nós faz sentido é se render ao mundo aparente. Sem perceber, vamos nos distanciando de nós mesmos à medida que nos tornamos o que os outros querem. Isso tem a ver com a hipervalorização da estética, que o mundo do *ter* idolatra e cultua como se fosse um espírito. Dentro de uma cultura de afetos, a beleza não se constrói destruindo. Pelo contrário, ela nos possibilita refletirmos sobre o que de fato torna algo bonito. Podemos aprender com Platão, em sua obra *Hípias Maior*, parte de seus *Diálogos*, quando ele inicia com uma pergunta (característica fundamental de seu mestre Sócrates): o que é beleza?

Uma pergunta sempre necessária, entretanto curiosamente esquecida diante dos padrões estabelecidos. Com o advento das redes sociais, a cultura das *selfies* tomou proporções mais complexas. Tudo e qualquer coisa que se faça têm que ser mostrados. Vai no restaurante: foto postada. Vai na academia: registra com o famoso "Tá pago". Seguem-se outros absurdos que diariamente nos vêm à tela. Lógico que também considero o lado bom desse comportamento, afinal muitas pessoas são inspiradas e motivadas por exemplos que produzem valor humano. Porém não me refiro aqui a essa beleza empacotada, seja ela física ou de uma vida luxuosa, com viagens, badalações e regalias. Precisamos achar as belezas gentis, que provocam em nós reflexões sobre a nossa condição humana. Recuperar a tarefa do cuidado, do se importar com a dignidade, com a generosidade, com a solidariedade e, o mais importante, imprimir através de tudo isso a lógica da justiça em detrimento da lógica da pseudoajuda que alimenta os egos inflados dos que se vangloriam pelo bem que fazem.

Numa sociedade estruturalmente machista, falar sobre sensibilidade e afetos é um evento extraterrestre. Nas minhas redes sociais, entre várias coisas, gosto de postar trechos de inspirações poéticas e, com frequência, sofro insultos de toda natureza, alguns grosseiros e cruéis, inclusive de amigos de rodas pessoais, que em tom de brincadeira lançam piadinhas homofóbicas e desrespeitosas. Mas, na verdade, se enganam se acham que estão atingindo a mim ou a alguém, pois isso diz mais sobre suas visões de mundo do que sobre os outros, uma visão tacanha, medíocre e barata sobre o que importa de verdade. Respeitar as diferenças é dar dignidade a nossa singularidade. É reconhecer a gratuidade de uma vida com bons afetos, a qual afeta de forma generosa o outro, que externa leveza de humanidade, dando potência e vivacidade ao processo de existir.

É maravilhoso quando somos agraciados por ambientes de bons afetos, com sensibilidade afetiva pela existência alheia. Nossa alegria não pode ser a tristeza do outro e podemos, em meio a tudo que nos separa, conviver e aprender juntos. Me sinto agraciado por ter crescido num meio de bons afetos, pois, mesmo diante de todas as dificuldades e privações, o amor sempre foi abundante. Havia o olhar de cuidado de minha avó e o abraço de pertença de minha mãe, um sistema de amorosidade que ajustava a desigualdade que insistia em dizer qual era nosso lugar.

Temos uma tarefa para fazer em casa: recuperar em nós, nos próximos e nos distantes o elo humano que condiciona o processo existencial, dando potência e vivacidade através de gestos humanizantes como a gentileza, o respeito, a solidariedade, o cuidado e tudo que dignifica o viver. É uma tarefa desafiante reorganizar os tempos de suprassumo do "eu tenho" em "nós somos", para que todos nós possamos viver o sagrado dom da vida sem nenhum tipo de humilhação ou qualquer outra situação que coloque em risco a dignidade humana. Sensibilidade afetiva é um ato racional que possibilita na ação humana uma infinita capacidade sentimental, movimentando uma verdadeira revolução silenciosa e cheia de alteridade.

66

RIQUEZAS E HONRAS
INJUSTAMENTE OBTIDAS
NÃO SÃO MAIS SÓLIDAS
QUE A NUVEM QUE PASSA.

| CONFÚCIO

CAPÍTULO 5

SOMBRAS IMORAIS

O poeta norte-americano Robert Frost pediu que em seu epitáfio estivesse escrito: "Eu tive um caso de amor com a vida." Que beleza de frase, confirmando o que disse Maria Zambrano: "O poeta não morre, ele vira poesia." É um viver poeticamente tão sublime que rompe com o viver prosaico. Conheço muita gente seca de afetos. São indiferentes a gestos delicados. Quando me deparo com elas, quero entender essa dor. Não consigo aceitar o imediatismo do "eu sou assim". Só vejo dor e sofrimento quando o grito, a raiva, o ódio e o desrespeito são desferidos por alguém.

Isso está bastante evidente em tempos atuais, especialmente aqui no Brasil, onde o discurso de ódio brotou e floresceu, encabeçado por autoridades nos cargos mais altos do país, despertando uma cultura de despertença histórica. Do nada, apareceram especialistas em tudo e qualquer coisa, tendo a internet como "fonte" de análises absurdas mediadas pelo negacionismo, que tentam partir de falsas versões, causar o desmantelamento de verdades históricas, das artes, da cultura, da educação e da ciência. Viramos pária para o mundo, um retrocesso sem precedentes em todas as áreas. E isso não é, como afirmam, parte do processo democrático, ou questão de opinião partidária, política ou religiosa; tem a ver com a corrompível natureza humana e maus afetos norteados por um moralismo cafona. O nazismo e o fascismo começaram assim, com gente comum e suas famílias tradicionais, cheias de "cidadãos de bem" que, do dia para a noite, estavam matando seus diferentes com respaldo em argumentos da perigosa retórica que mistura política e religião — o famoso "em nome de deus", que acaba fomentando tanto absurdo e causando estragos estrondosos.

    Elaboro este relato para me opor a toda e qualquer posição que coloque em risco a dignidade humana. Comprometo-me com os sentimentos para fazer oposição ao vazio; somente quem, por alguma dada situação, já passou pela invisibilidade alheia sabe o quanto é triste ser humilhado, agredido e desrespeitado em sua essência humana. Certo dia, numa conversa com um amigo de anos, que é gay, ele pela primeira vez desabafou comigo sobre sua luta após tornar pública sua orientação sexual. Contou os insultos, as piadas e as indiferenças que começou a vivenciar. Ele me disse com lágrimas nos olhos: "Fernando, às vezes tudo o que eu quero é sumir do mundo." Não é justo e nem aceitável alguém ter esse sentimento causado por outros seres humanos. Pouco me interessa de quais crenças ou "fontes" alguém se utiliza para se achar no direito de vilipendiar a vida alheia. Isso só demonstra nossa falida capacidade de amar. Erich Fromm, no livro *A arte de amar*, fala sobre o poder do amor, seu impacto social e como ele deve ser inoculado na convivência. Gosto da prática cotidiana de gestos de amor, acolhimento, afagos, como um "obrigado", "bom dia", "tudo bem?" e tantas outras maneiras de tornar o dia de outrem mais agradável.

É fato que temos dias ruins, daqueles em que parece que tudo de péssimo só acontece com a gente. Não acredito em alguém que diz que é feliz o tempo todo. As redes sociais tornam pública a felicidade artificial: a exposição em cenários de um cotidiano feliz em busca de seguidores ou de curtidas que alimentam o ego e nada além. Não tenho a pretensão de fazer com que você, leitor, ache que a vida é um mar de rosas; a minha, pelo menos, não é. Tenho dias difíceis, fico aborrecido, tenho meus exageros; me pego, muitas vezes, irritado e depois pedindo desculpas por atos aos quais me rendi por esses maus humores. Entretanto, mesmo diante das imperfeições, continuo acreditando na vida, mesmo sabendo da finitude e dos absurdos existenciais.

Tampouco me convencem aqueles que tentam demonstrar, através do discurso moralizante, serem sujeitos de condutas irrepreensíveis, em especial alguns dos religiosos que atestam muitas vezes um posicionamento santificado diante da coletividade, mas, na vida privada, têm comportamentos que os próprios considerariam imorais. Somos seres imperfeitos, e lidar com isso é o que faz a diferença. Reconhecer em nós o que queremos quase sempre esconder é saber que os outros também o fazem; isso é humano, nada sobrenatural. Sendo assim, os julgamentos e rótulos são reflexos de nossas sombras, afinal, estamos na caverna de Platão.

De certa forma, gostamos das sombras e de suas representações. Somos feitos de imagens, e cuidar daquelas que nos habitam requer que saiamos de nós mesmos. Estamos sempre à procura da luz que causa o efeito das sombras, e não necessariamente sobre nossos movimentos e ações independente da luminosidade. É como um dos contos Sufis, com o popular personagem Nasrudin, que diz:

Alguém viu Nasrudin à procura de alguma coisa no chão.
— *O que é que você perdeu, Mulá?* — *perguntou-lhe.*
— *A minha chave* — *respondeu o Mulá.*
Então os dois se ajoelharam para procurá-la. Um pouco depois, o sujeito perguntou de novo:
— *Onde foi exatamente que você perdeu essa chave?*
— *Em minha casa.*
— *Então por que você está aqui à procura dela?*
— *Oras, porque aqui tem mais luz!*[2]

Quantas pessoas conhecemos que vivem atrás da luz do outro, numa eterna procura de si, mas sempre fora de lugar, gastando tempo e energia. Aristóteles talvez tenha feito o maior e mais importante alerta da filosofia, que é a necessidade de uma vida que possa ser examinada, observada e refletida. A ordem econômica, em sua velocidade de cruzeiro, não se importa com o que sentimos, com quem somos, com nossas lutas, sonhos, desejos e limitações — ela continua seu curso levando em conta apenas dois critérios: quem tem está dentro e quem não tem está fora. E, nesse emaranhado do *ter*, vamos nos esquecendo de *ser* o que somos, com nossa historicidade, valores, sentidos e significados, nos levando, como disse Martin Heidegger, a esquecermos o dom de ser.

Quando criança, lembro do mercadinho do "Seu Tuca". Minha avó tinha a caderneta da pendura. Me passava a lista, e o Seu Tuca, sempre gentil, anotava sorridente e dizia: "Fala pra Dona Dita não se preocupar, o que ela precisar pode vir buscar." Isso não tinha a ver com atendimento e sim com a importância que ele dava às pessoas. O Seu Tuca sabia da difícil situação econômica

---

[2] As histórias da sabedoria Sufi foram propagadas através dos séculos, de modo que sua autoria, e mesmo as traduções, são difíceis de serem atribuídas. O conto aqui citado pode ser encontrado online em vários sites.

de minha família. O mercadinho era o ganha-pão dos seus, mas ele generosamente confiava que minha avó, assim que pudesse acertar a conta, o faria de imediato.

Era a dignidade que estava em jogo e não interesses de qualquer outra natureza. Era o sentido mais real da prevalência do ser sobre a imposição do ter. Isso sempre me chamou a atenção; mesmo sendo criança, sem muita habilidade para leitura conceitual, havia em mim um sentimento de orgulho por minha avó ser respeitada em todos os lugares, ainda que passássemos por tanta privação. Nunca ouvi uma palavra sequer de lamentação vindo dela ou de minha mãe. Por diversas vezes percebi choros engolidos, olhares de preocupação, mas tenho para mim que o objetivo delas era que eu e minha irmã pudéssemos ser crianças felizes. A luz estava no lugar certo: não no tênis da moda do colega, nem no caderno do Batman do amigo da escola; estava nos gestos de amorosidade que não faziam sombras, em um luminoso contínuo.

Recorrer à anamnese social é estar imerso em uma rememoração do ser, revisitar memórias de afetos é recuperar em nós a capacidade de sentir, de se emocionar, de se reconhecer. É um estar em si quando o mundo insiste em nos tirar de nós mesmos. Almas imorais se desnudam pelo testemunho. Se preocupam demasiadamente em manter uma aceitação de aparências, embora vivam a perturbação das imagens da consciência que não descansam mesmo quando ninguém está vendo. O infortúnio dos que açoitam seus diferentes é viver uma vida cheia de aprisionamentos. Uma privação do ir e vir dos próprios sentimentos.

66

A FELICIDADE SÓ PODE PERTENCER ÀQUELE QUE NADA POSSUI.

| HECTOR BIANCIOTTI, *CE QUE LA NUIT RACONTE AU JOUR*

CAPÍTULO 6

**O TER NÃO
PODE NOS TER**

Gosto de valorizar os cenários do cotidiano. De olhar o mundo desprovido de amarras ou de preconceitos a partir de minhas crenças, valores ou modo de ser. Isso me ajuda a experienciar minha existência com os outros. Nos lugares que estou, me atento ao que não está nos olhos das pessoas. Acho graça na criança que se deslumbra com a própria sombra e me compadeço com a dor dos que sofrem na multidão. Sou julgado pelas aparências e, muitas vezes, visto como um produto pronto. Não acho que dei certo ou que cheguei aonde queria. Isso é balela. Me sinto perturbado com a zona de conforto que os acessos sociais e materiais me possibilitam. É como se não tivesse direito a eles. Digo isso pelo fato de milhares de pessoas ainda estarem buscando, neste momento em que você me lê, algo para comer nos latões de lixo das sobras da ganância e da luxúria irresponsável.

Sou atormentado por esses pensamentos quando vejo pessoas que vieram das minorias sociais, que viveram privações de todo tipo, alcançarem o chamado sucesso, se comportarem iguais àqueles que lá já estavam e darem às costas para suas origens. O famoso "chegar lá" não se resume a se conformar com as benesses alcançadas; trata-se de "chegar lá" e questionar a lógica perversa e desigual que compromete a vida de milhares de pessoas com as dignidades vilipendiadas e humilhadas por um sistema ardiloso e cruel.

Tenho a felicidade de manter algumas amizades de infância, e boa parte delas são pessoas que, como eu, foram submetidas à desigualdade profunda e provocadora de um ruim sentimento humano, a indiferença social. É interessante que alguns desses amigos felizmente conseguiram ascender socialmente, se posicionando bem em suas trajetórias profissionais, mas o que me chama atenção é que se esqueceram ou não querem se lembrar de onde vieram. Em tempos de reacionarismos vazios, me desentendi com estes, e não por política, apesar de alguns acharem que foi isso, e sim pela visão de mundo distorcida.

É como se tivessem nascido em berço esplêndido e nunca convivido com a dor do não ter. Vi muitos apoiando o discurso de ódio sobre o sofrimento do outro e dizendo que era "mimimi" das chamadas minorias, fora aqueles que engajaram na disseminação de opressões que eles mesmos já sofreram antes, sem nenhuma consciência de classe. Não os julgo por essas atitudes, compreendo que as garras do materialismo anulam a visão mais ampla, nos aprisionando aos imediatismos da zona de conforto. O que me incomoda é quando ultrapassamos o limite do respeito, colocando nossa posição confortável como fator limitante para a alteridade.

O ter é bom, eu também gosto, mas quando o ter passa a nos ter, vamos perdendo nossas referências do ser, o que atravanca o processo de existir. A visão de mundo fica comprometida e os sentimentos passam a estar de acordo com os critérios da pertença estética. Conheço pessoas que se limitam à vida vigiada. Querem dar respostas e são alienadas à falta de perguntas. Muitas vezes, acabam mais interpretando personagens, em vez de serem o que são, de serem livres e sem medo do que os outros vão achar. Nas redes sociais, a terra encantada do mundo perfeito, as fotos nem sempre retratam as horas do tempo cronológico. Existe vida fora da internet, e ela nem sempre nos faz sorrir. O retrato do mundo real é livre de filtro, e as imperfeições são o que nos torna únicos.

Os aprisionamentos da zona de conforto afetam diretamente o olhar sobre o mundo. Quando a ordem econômica determina, por aquilo que temos, quem são nossos iguais, criamos um abismo com a realidade, e basta deixarmos de ter que entramos em colapso existencial. Conheço pessoas que se submetem aos maiores absurdos apenas em função das aparências, por exemplo, comprando um veículo importado e financiado em sessenta parcelas, sem condições para tal investimento, apenas para se manterem no rito de aceitação social pelos critérios de um pertencimento meramente material.

O filósofo Aristóteles afirmava que "o homem é um animal social" e que precisamos estabelecer vínculos com nossos semelhantes. O que o grego não imaginava era que o estreitamento de vínculos estaria na artificialidade das coisas e não na essencialidade do humano. Discernir sobre o que é essencial é um dos grandes desafios para recuperar a capacidade de sermos generosos, solidários e preocupados com nossa espécie. Perdemos gradualmente a musculatura da humanidade em nós quando nos acostumamos ao desrespeito que tira do outro a dignidade. Por isso, os bons afetos têm que ser cada vez mais inoculantes em qualquer meio: no trabalho, em casa, nos espaços públicos, na fila do banco, no restaurante, no posto de gasolina e em tudo que experienciamos social e coletivamente.

São nessas situações de convívio social que produzimos afetos, os bons e os ruins. Afetar alguém é uma grande responsabilidade, e ter consciência disso é fundamental para impactarmos os outros com boas sensações. Outro dia, fui ao shopping e presenciei uma senhora bem-vestida, com brincos brilhantes e postura aristocrática, proferindo duras palavras a um atendente, que, temendo responder qualquer coisa diante dos insultos, se emudeceu, enquanto seus olhos se entristeceram pela humilhação. Me aproximei, pois era o próximo da fila, e perguntei a ela qual era o descontentamento para querer tanto ter razão. Ela me disse que o cartão de crédito não estava passando e que certamente a culpa era do atendente que não sabia o que estava fazendo. O rapaz, expressando apenas reações pelo olhar, me dizia por trás da máscara o óbvio: que o cartão aristocrático daquela mulher aristocrática estava com alguma restrição de crédito, de modo que a máquina rejeitava sucessivamente o pagamento. A senhora, em tom extremamente grosseiro, o fez tentar mais uma vez, e novamente o apito de reprovação soou. Ela pegou o cartão, jogou as compras no balcão e saiu a passos pesados da loja.

Foram muitas as reflexões que tive sobre aquela lamentável situação, e imagino que você que está lendo, sendo empático, repudia cenas assim; saber que isso é comum é mais triste ainda. Pergunte para qualquer pessoa que trabalha com o público e você terá histórias como essas repetidas aos montes. Estamos vivendo talvez a maior crise civilizatória da humanidade. Qualquer coisa vira motivo de contenda. Seja na internet — palco de horror dos que só odeiam e dos covardes que só são valentões atrás da tela — ou mesmo nas relações do cotidiano, não temos como fugir dos olhos e julgamentos alheios. A ausência de afetos e de aceitação das diferenças estabelece problemas estruturais em uma sociedade esvaziada de humanidade. Estamos inseridos em um mundo que continua falhando em abraçar a essencialidade da vida, que é ser amável com seu semelhante, generoso, cordial, respeitoso, e aceitar as pessoas como elas são. É dessa essencialidade que trato aqui e não dos discursos morais ensaiados pelo conservadorismo do famoso "no meu tempo, isso não acontecia", de pessoas que acham que o mundo parou e que a verdade absoluta está em seu umbigo.

Precisamos nos libertar da cafonice colonial que nos acompanha historicamente. Tenho amigos que acham que se sentam à mesa quando o assunto é privatização de estatais, investimentos do mercado financeiro, queda ou subida da bolsa de valores, mas que, na verdade, são meros números numa planilha de más intenções, e, quando for do interesse econômico, serão descartados, virarão estatísticas das vulnerabilidades sociais. A pandemia de covid-19 nos mostrou essa fragilidade e abstinência de interesse comum. Lembro que, durante as fases mais difíceis da contaminação, quando os governos tiveram que restringir mais a circulação das pessoas, ouvi discursos horrorosos, sem fundamentação alguma e típicos de uma cultura idiotizada de especialistas que se informam por meio de notícias falsas e bravatas populistas.

É preciso reverter o estado de coisificação em que vivemos atualmente. Não se pode, em hipótese alguma, tolerar a flagelação da dignidade humana. Quando fechamos os olhos e normalizamos esse cenário, falhamos como pessoas. É urgente a instauração de uma cultura do *ser*, de cuidar dos próximos, dos distantes e dos diferentes. O ter não pode ser critério de pertença ou de inclusão. Somos parceiros e precisamos uns dos outros. A finitude já nos ensinou que tudo que acumulamos materialmente ficará aqui. O importante é como damos potência à vida enquanto aqui estivermos. Tendo dinheiro ou não, tudo se esvai; o que fica é aquilo que deixamos de essência humana. Como é bom ser lembrado.

"

O AMOR É UM PODER QUE PRODUZ AMOR.

| ERIN FROMM, *A ARTE DE AMAR*

CAPÍTULO 7

OS BONS AFETOS COMO PODER CURADOR

Tenho um quadro na rádio e na televisão em que faço reflexões sobre o cotidiano. Falo sobre filosofia, poesia, artes e tudo que o humano é capaz de produzir sem a robotização do capital. Estava no estúdio da TV, já pronto para as gravações e, enquanto ajustava o som, fiquei conversando com o cinegrafista, que é bastante alegre e tem uma boa prosa. No dia em questão, entretanto, percebi tristeza em sua fala e, entre uma conversa e outra, ele contou sobre a enfermidade da irmã, que travou uma dura luta contra uma doença terrível, e que infelizmente acabara de falecer. Eu o abracei e lamentei tamanha perda, e ele, com olhos lacrimejantes, me disse que acreditou até o fim na cura, que era tudo que a família sonhava. Naquele dia, refleti sobre a palavra cura. Gosto de ouvir a sonoridade e a alegria que ela carrega quando alcançada. Vai além dos significados que os dicionários possam dar conta. É uma alegria incomum quando a cura se concretiza. A cura de uma enfermidade. A cura de emoções que causavam tanta dor. A cura daquilo que traz sofrimento.

Fico emocionado quando vejo testemunhos de alguém que tanto sofreu por uma situação e de boca cheia diz que achou a cura. Que está curado. É uma imersão de afetos que transborda tudo ao redor. Existem muitas literaturas, e algumas embasadas em comprovação científica, do poder do amor em situações extremas. Quem já experienciou o trabalho voluntário certamente provou das boas sensações de renovação quando partilhamos a ternura, a solidariedade, a compaixão e o zelo pela vida de alguém acometido de dor e sofrimento. O poder curativo dos bons sentimentos gera uma revolução silenciosa capaz de grandes transformações, tanto para quem oferece seu servir quanto para quem recebe o olhar de dignidade quando parece não haver saída. O amor em todas as suas facetas é tão poderoso que chega ao ponto de criar indignação e rejeição pelo medo de as pessoas se comprometerem. Como já mencionei, em tempos atuais falar de afetos, de sentimentos, de ternura e de amor tem sido um grande desafio. Há quem pense que esse discurso é frívolo e que não passa de tolice sentimental.

Entretanto, esses que abominam os bons sentimentos são os que mais precisam deles. Estão sempre vociferando, apontando o dedo, julgando de acordo com suas conveniências e anulando a vida alheia. Duvidam dos que decidem amar. Não gostam de histórias felizes, nem se alegram com a alegria espontânea; estão sempre dispostos a desconstruir sonhos, talentos, desejos e disfarçam suas frustrações como opiniões. Não é fácil se decidir pela amorosidade. O amor é um ministério. Quem é capaz de amar como dom gratuito não tem tempo para maus sentimentos. Portanto, acredito que as pessoas que são tomadas pelo ódio, e tudo que dele deriva, estão adoecidas da alma. Precisam ser curadas, mas insistem no negacionismo sentimental.

O escritor e poeta W.H. Auden afirmou: "Nós temos de amar uns aos outros ou morrer!" Não há mais tempo para protelar a aceitação dessa verdade. Precisamos, sim, uns dos outros para amenizar sofrimentos que tanto nos afligem. Somos humanos e vulneráveis, independentemente das estruturas que somos capazes de acessar. Uma pessoa rica e poderosa não está protegida de padecer por uma doença repentina, de modo que tudo que ela supunha que a transformava em inatingível se esvai como areia ao vento. Aceitar a condição de vulnerável é o primeiro passo para compreender nossa interdependência e engajar em nossa tarefa de cuidar do mundo que nos envolve.

O rito pós-moderno do ultra-humano, que diz que temos que ser fortes, corajosos, impetuosos no trabalho e bem-sucedidos a qualquer custo se desmonta na fragilidade das relações de pertencimento. A fábula da vida perfeita e feliz se desmistifica frente às nossas desilusões de que somos autossuficientes e não precisamos de ninguém. Segundo Anaïs Nin, escritora francesa e romancista: "Fomos envenenados por contos de fadas." Envenenados por fadas modernas, em contos imaginários do cotidiano no Leblon mostrado nas novelas e nas poses dos homens de braços cruzados som expressões altivas em capas de revistas sob a manchete: "Como fiz meu primeiro 1 bilhão."

E assim continuamos a saga do prazer freudiano reverso em que fazemos tudo para dar errado. Em algum momento, a vida cobra humanidade. A consciência é implacável e nos faz, em nossas fragilidades, examinar como tratamos os outros, o quanto de acolhida fomos capazes de oferecer. Estamos vivendo uma espiral patológica que foge da cura, rejeita a gratuidade dos dons e se aprisiona nas ilusões de um mundo frágil, imperfeito e industrializado de sentidos e significados.

Minha mãe sempre me alertou sobre a responsabilidade que devemos ter com nosso coração. Devemos saber, pelo zelo e cuidado, onde o colocamos: nas coisas triviais ou naquilo que verdadeiramente é importante e pode nos fazer feliz. Esse cuidado requer um olhar vigilante. Saber lidar com as escolhas dos afetos e como afetamos nossa existência e a dos outros evita grandes infortúnios e dissabores. Descrever alguém pelos afetos que externam ao mundo é de uma beleza poética que comprova a existência fundamental do humano. Assim fez Roger-Pol Droit quando caracterizou Rousseau: "A natureza que fala ao coração, que se refere à verdade simples e pura, sem se preocupar com as conveniências nem os artifícios da civilização. O coração imediato sabe o que é verdadeiro, mesmo quando a razão tenta persuadi-lo do contrário. É um universo mental completamente diferente. O universo de Rousseau."[3] Trata-se do universo mental que é capaz de criar uma comunidade de sentidos.

Hermann Hesse, no clássico *O lobo da estepe*, diz: "Sou o lobo da estepe, como já disse tantas vezes — o animal extraviado que não encontra abrigo na alegria, nem alimento num mundo que lhe é estranho e incompreensível." Vivemos em meio aos lobos de Hesse. Os divãs sempre ocupados comprovam a quantidade de gente em busca de autoconhecimento para solução de conflitos emocionais gerados por esse mundo estranho e incompreensível. Por isso se faz necessário uma inoculante cultura de afetos, capaz de promover um processo curador das intolerâncias, preconceitos, desrespeitos e agressões gratuitas.

Os bons afetos são poderosos para curar os males dos corações que não aprenderam a amar. Que, no processo de existir, aprendeu com o mundo à sua volta que "olho por olho e dente por dente" era a única forma de sobreviver. Por esses e outros tantos motivos, o machismo estrutural ainda mantém suas raízes fortes. São frases datadas que ainda reverberam, como "aqui é palavra de homem" ou "tem que ser macho", que expõem mais fragilidade do que força na

---

[3] Retirado de *Filosofia em cinco lições*, editora Nova Fronteira (2011).

que força na boca de quem diz. Uma total e completa ausência de alteridade beirando a uma confissão de medo.

Quando trabalhei com educação nas prisões de São Paulo, percorrendo todas as unidades prisionais do estado, conheci de perto a complexidade que envolve o humano em privação de liberdade. Nos espaços educacionais, era possível trazer essas pessoas com histórias de violências sofridas e praticadas para uma reflexão sobre suas vivências. Eram visíveis as consequências da ausência de bons afetos na formação daqueles sujeitos. Educar para os afetos é determinante para o resgate do humano em nós. É de fundamental importância trabalhar a ternura e tudo que a envolve na formação da primeira infância. Vejo uma resistência imensa a essa pauta no meio acadêmico, sendo inclusive motivo de chacota de alguns intelectuais. A própria Base Nacional Comum Curricular do Ministério da Educação preconiza os afetos como condicionantes da aprendizagem. É necessário e urgente estabelecer programas e projetos educacionais que contemplem os sentimentos como parte estratégica do desenvolvimento de talentos, dons, sonhos, habilidades e fortalecimento da civilidade.

"

NEGA-ME O PÃO, O AR, A LUZ, A PRIMAVERA, MAS NUNCA O TEU RISO, PORQUE ENTÃO MORRERIA.

| PABLO NERUDA

"

CAPÍTULO 8

O RISO COMO POTÊNCIA DE AFETOS

Acho o sorriso a característica mais marcante de uma pessoa. Tenho um amigo, o Felipe, que é identificado aonde quer que vá pelo riso fácil e contagiante, estabelecendo imediata relação de pertença com os outros. Ele mal precisa dizer palavra: consegue criar uma sinergia afetuosa em qualquer ambiente que esteja. Como é bom chegarmos num lugar e sermos recebidos com um sorriso! Parece algo angelical, de uma alma que ri do corpo diante de suas sensações. A pandemia de covid-19, que ainda nos assombra pelo medo, pelas dúvidas e inquietações diversas, nos mostrou, entre tantas coisas, o quanto manter o humor, para quem conseguiu, foi importante para não sucumbir. O riso é um poder singular em meio ao desespero do mundo. Não me refiro ao riso sarcástico, irônico e cruel que samba diante da dor alheia, que chama de "gripezinha" uma doença letal e consegue ainda gargalhar sobre o sofrimento e a dignidade dos outros; o riso sobre o qual busco refletir é aquele do sorriso leve, cheio dos bons sentimentos, que reconhece, apesar de tudo, o privilégio que é o dom da vida.

Quando jovem, participei de um grupo de voluntariado chamado Jovens Altruístas de Campinas, o JAC. Aos finais de semana, visitávamos entidades assistenciais, orfanatos e asilos da cidade de Campinas, São Paulo. Fazíamos arrecadação de alimentos, brinquedos, livros e roupas e nos reuníamos com a incomum alegria em servir. Quanto esse grupo foi importante e especial! Até hoje, muito do que faço profissionalmente, seja como escritor ou filósofo, se é que é possível dissociar essas funções, carrega os ensinamentos daquelas vivências. Lembro-me de quando conheci o senhor Virgílio ao visitar um asilo, local em que há tantas pessoas e histórias lindas. Na época ele tinha 85 anos de idade, era forte, saudável, inteligente e o ser humano mais próximo de se assemelhar a Arthur Schopenhauer que conheci, pois ele mostrava visível mau humor diante da presença de qualquer pessoa. O senhor Virgílio passava boa parte do dia dentro de um barracão que servia de almoxarifado da entidade, estratégia para ficar longe do contato, seja lá com quem fosse. Nem os profissionais, assistentes sociais, psicólogos e terapeutas podiam se aproximar. Quando o vi pela primeira vez (de longe, claro), uma cuidadora me alertou do risco e, por várias vezes, reiterou que ele não gostava de conversa ou que fizessem qualquer tipo de contato, nem cumprimentos. Que desafio sensacional coloquei na cabeça quando reuni as informações necessárias para chegar ao Schopenhauer brasileiro. E assim, aos domingos, eu tentava alguma forma de contato. Passava e cumprimentava, ele virava o rosto. Em outro momento, um aceno, que ele ignorava sumariamente. Até que, certo domingo, o baile rolando no salão e meus amigos se divertindo junto a outros residentes da casa de repouso, fui a passos silenciosos para ninguém me perceber. Abri a porta do barracão e o vi sentado, ouvindo seu inseparável rádio à pilha. Sem nenhum contato visual, arrisquei: "Nossa, me perdi, achei que aqui era o salão de jogos." Um silêncio absurdo tomou conta do lugar e, como se tivessem passado três horas da proferida e indecente frase, ele disse: "Mentira. Você conhece muito bem esse lar. Não sai daqui nunca. E sei que está tentando falar comigo. Se achegue." Uma adrenalina tomou conta de mim e fui me aproximando, como se estivesse diante de uma fera selvagem cuja reação nos é desconhecida.

Sem saber o que dizer, disparei ao ver a camiseta do Ponte Preta Futebol Clube que ele vestia: "A Ponte Preta dessa vez sobe, hein..." Ele, ouvindo o jogo, me olhou e disse sorrindo: "Só por milagre." E assim, em um sorriso de alguém que parecia seco de afetos, conversamos sobre futebol e tudo mais de forma tão divertida que aquele dia até hoje habita em minhas imagens de amorosidade. O senhor Virgílio apenas precisava da insistência de alguém para recuperar nele a condição humana. Não há um ser humano sequer que não tenha um coração habitado por bons afetos, por mais cruel que seja; é possível, mesmo em campos áridos, encontrar fontes de vida.

Muitas vezes, vi minha avó preocupada: era o aluguel prestes a vencer, a conta de água e luz e a luta, mês a mês, para garantir a compra de alimentos. E, mesmo assim, ela conseguia sorrir, o que mudava profundamente a atmosfera dentro de casa. Era como se nada estivesse acontecendo, então meu universo de criança permanecia intacto, protegido das dores do mundo adulto.

Vivemos um tempo de privatização dos sentimentos. Qualquer demonstração pública de afeto, de carinho e de ternura é submetida a julgamentos, a interpretações de todo tipo e a uma sequência de ofensas gratuitas e absurdas. O riso é preponderante para situações assim, até para evitarmos entrar na loucura que virou esse mundo cheio de colonizadores de sentidos e significados. Encontrar o logos — ou seja, a harmonia dos estoicos — nos parece uma tarefa improvável diante do caos que se tornou a humanidade. Jamais imaginei ter que defender o óbvio, como a importância de se vacinar, principalmente em tempos de pandemia, e da necessidade de se respeitar os outros. Uma distopia nos tomou de forma brutal. Há pessoas de meu convívio social que se tornaram adoradores do ódio e de tudo que dele deflagra. Guardadas as devidas proporções, foi assim durante o nazismo, em que pessoas comuns, "cidadãos de bem", de condutas "irrepreensíveis", do dia para a noite se tornaram perseguidoras, assassinas e usurpadoras capazes de crueldades contra quem era diferente delas. Sem mencionar alguns discursos religiosos misturados à política, que já nortearam barbáries na história do mundo.

Isso impacta de forma assustadora nossa capacidade de encontrar caminhos para uma melhor convivência e aceitação. Cada vez mais, vamos nos distanciando e virtualizando as relações e robotizando as emoções. Bastam uma postagem e a espera dos cliques para medir o processo de existir num mundo que, de real, pouco tem. Conheci uma amiga que postava vídeos engraçados em uma rede social, mas que, na realidade, atravessava uma depressão que a levou, por várias vezes, a pensar em suicídio. Eu mesmo já usei as redes sociais para externar positividade motivacional, mesmo estando com o coração contrito e a alma perturbada. Reconhecer em nós a vulnerabilidade é primordial para a reconstrução do debate sobre a importância da vida.

O filósofo holandês Baruch de Espinosa dizia: "Não rir, não chorar, não lamentar, mas compreender." Ele afirmava que os filósofos tinham que ter isso em mente para se relacionar com o conhecimento. O não rir contemplava não debochar da vida alheia, condição fundamental da alteridade. Não chorar diante do absurdo e evitar o lamento que anula a capacidade de ter esperança. Conheço pessoas que vivem e, me parece, que enxergam algum benefício em serem propagadoras de lamentações sobre a vida, os outros e tudo que, de alguma forma, não lhes convém. Parecem almas vagando entre nós que não se libertam das amarras das frustrações, dos infortúnios e dos dissabores. Você certamente conhece, querido leitor, alguém que, assim que começamos a relatar um infortúnio, mais do que depressa entra em cena destacando que ela passou por algo muito pior e, assim, estabelece uma competição de quem é o mais desgraçado humano do planeta.

Precisamos rir, sorrir e gargalhar para ressignificar a existência e não sucumbir aos absurdos que, pelo caminho, nos são apresentados. Levar com bom humor as relações é também um posicionamento político. Uma forma de resistência às bolhas engolidoras do entusiasmo e da disposição em enfrentar narrativas malfadadas de visões medíocres, tacanhas e desequilibradas.

66

A VIDA INTEIRA PRECISAMOS
DE GRAÇA E GENTILEZA.

| PLATÃO

CAPÍTULO 9

**SEJA GENTIL,
MESMO QUE NINGUÉM VEJA**

O termo gentileza é uma das expressões mais bonitas da nossa língua. Ele carrega tantos significados, reflexões e sentidos que chega a ser totalizante quando somos capazes de vivê-lo. Ser gentil num mundo marcado pela violência é mais do que um desafio, é um ministério. É fato que nós gostamos e nos sentimos bem quando somos tratados com atos e gestos gentis. Seja uma ida a uma loja, a um restaurante, ou mesmo alguma situação em que somos submetidos a pressões que testam nossas capacidades de autocontrole, se houver gentileza na interlocução, tudo se altera e vivemos aquele momento mágico de sentir o humano em nós.

Pode ser um sorriso, uma palavra doce, um abraço inesperado, um olhar direcionado de amor e tantos outros gestos que podem mudar uma história. Somos vulneráveis no trajeto entre a vida e a morte. Tudo que existe, como teorizou Henry Bergson em seu absurdismo, existe para desaparecer. Nós, as coisas e tudo que amamos. De fato, é uma constatação dura de Bergson, mas também é um alerta essencial, considerando que o tempo, apesar de ser o recurso mais importante que temos, é o mais subestimado. É razoável não querermos pensar sobre o tempo, até porque uma das certezas mais contundentes sobre ele é que passa e, junto, tudo se esvai, e que nisso não podemos intervir. Mas temos uma alternativa diante do absurdo chamado vida, já que corremos tanto em busca de significados: dar bons motivos para o processo existencial. Posso elencar alguns que julgo ponderáveis:

Uma vida que não pode ser examinada, vale a pena ser vivida?

Sócrates talvez seja o precursor da autoajuda, nos colocando em um impasse sobre a existência ao afirmar: "Conhece-te a ti mesmo." Se não for capaz de se autoexaminar diante de si, dos outros e das coisas, certamente terá dificuldades sobre qualquer outra reflexão existencial.

Se tem capacidade de se perceber fora do conforto umbilical, você vive no meio ou do meio?

Achar que o mundo gira em torno de suas vontades e de sua visão sobre aquilo que define como verdades absolutas — de modo que, portanto, considera diferente e nefasto quem não se enquadra nelas — diz mais sobre sua carência existencial do que qualquer outra coisa que minimamente você tem para oferecer. Nem você nem ninguém possui verdades incontestáveis. Experimente viver no meio e não do meio.

Você acha que a vida lhe deve?

Tem gente que passa a existência achando que as pessoas estão lhe devendo algo. Terceirizam responsabilidades e vivem atacando tudo que lhes impõe compromisso, diligência e dever. Possuem discursos moralistas, recheados de apelos religiosos, para dizer ao mundo que são bons e verdadeiros. Mas a alma testemunha as imoralidades. Quando encontrar alguém assim, os observe atentamente, eles deslizam quando confrontados em suas ilusões de cidadãos de bem.

Qual modelo você vive: o do Dano, com a narrativa do "ó, céus, ó, vida", ou o do Desafio, do se movimentar, se indignar, correr atrás?

Tem pessoas que se acostumaram a reclamar. Sentem-se a voz da verdade soberana. Desqualificam as pessoas no entorno e se veem numa angustiante prisão de si. Preferem o modelo do Dano, vendo problema em tudo e perdendo oportunidades de aprender e conhecer coisas novas. E, no emaranhado de frustrações, rejeitam qualquer tentativa de se sujeitar aos desafios que a vida impõe.

Avalie sua capacidade de conviver com quem é diferente. Observe:

Primeiro, é importante reconhecer que há dignidade nas diferenças, elas não podem ser compreendidas como uma ameaça nas relações de convivência social. A máxima de Sartre de que "o inferno são os outros" considera que você é também o outro de alguém, portanto, dependendo de seu comportamento e capacidade de se relacionar com alteridade, pode ser você o inferno ou não.

Você vive uma vida cultivada por quais afetos? Os bons afetos ou os maus afetos?

Identificar os afetos que nos habitam é importante para direcionar e compreender nossos sentimentos. Por vezes, o fato de pensar errado nos induz a sentir errado. É preciso analisar esse misto de razão e emoção para entendermos as maneiras pelas quais estamos sendo afetados e afetamos o mundo. Embora saibamos que os maus afetos nos impactam de forma negativa, é necessário identificar quais são oriundos de nossas ações ou da intervenção do mundo. Por exemplo, aquelas pessoas que se autodenominam boas, mas cujas atitudes são contrárias ao que pregam e o que pensam de si mesmas. Lembrando que somos em parte o que achamos ser e, em outra, o que os outros acham que somos.

Como você encara os personagens que precisamos adotar no convívio social?

Sem essa de que "sou o que sou em qualquer lugar". Primeiro que isso é impossível, mais ainda no mundo de hoje, que exige adaptações constantes. Não dá para se comportar no trabalho como nos comportamos na esfera pessoal. Mesmo que adotemos um estilo de vida alternativo, somos condicionados a lidar com relações institucionalizadas, por exemplo: ir ao banco, pegar fila no caixa da padaria e até mesmo as obrigações legais que todo cidadão possui; a não ser que decidamos nos transformar em um ermitão na montanha e renunciar ao contato com a civilização, vontade que, em algum momento, nos invade desesperadamente (os dias do "quero sumir").

Seu otimismo é transformador ou apenas caricato?

O escritor e filósofo francês Frédéric Schiffter diz que a alegria transbordante e coletiva o injuria. Ele confessa que vê com desdém os entusiastas, os voluntários e os motivados e diz que os otimistas são excelentes para preencher as prisões e os cemitérios. Parece uma visão descontente do mundo, mas não é. Schiffter nos chama a atenção para a inconsciência dessas pessoas diante do mundo. Sendo assim, seu entusiasmo, otimismo e alegria são conscientes da vida que você vive? Transformam outras vidas? Ou são apenas rituais que se tornam caricatos e, por vezes, cafonas?

Você junta ou espalha?

Certamente já ouviram a expressão: "chegou o espalha a roda", aquelas pessoas que já nos exauriram há tempos com seu comportamento, narrativas, indelicadezas e afins. Porém, também existem pessoas que transbordam conforto, irradiam boa energia, sabem ouvir, são agradáveis na convivência. Conseguem ser ponte para outras, possuem enorme capacidade de juntar gentes e suas diferenças. Quem é você nesse aspecto?

Você é o que tem ou aquilo que sua trajetória, seus saberes e seus aprendizados moldaram?

Essa é a mais importante reflexão sobre a pertença. Se somos o que temos — dinheiro, cargo e bens materiais —, basta nos tirar isso e ver o que sobrou. Agora, se o que temos não nos tem, e fortalecemos constantemente nossa condição de ser, tudo se transforma. Até porque ter não é ruim, o problema é que há uma tendência da zona de conforto material de nos tirar a visão mais ampla da realidade. Reconhecer em nós o que é importante de fato para buscar a felicidade torna a caminhada mais tranquila e harmoniosa.

COMO TODOS OS SONHADORES, CONFUNDI O DESENCANTO COM A VERDADE.

| JEAN-PAUL SARTRE

CAPÍTULO 10

DESENCANTO COLETIVO

Sinto que a pandemia de covid-19, entre tantos impactos, nos trouxe um desencantamento do mundo. As mortes de milhões de pessoas causadas pelo vírus não foram o suficiente para nos unir, principalmente pela posição de governantes fazendo uso político da tragédia anunciada e utilizando a autoridade de seus cargos para legitimar um discurso negacionista que levou milhares de pessoas a sucumbirem por ignorância e desinformação. Me lembro de quando foi necessário bloquear as aglomerações, com respaldo nos referenciais da ciência e de autoridades sanitárias que comprovaram que a contaminação estava em alta velocidade, com números desesperadores de óbitos, e uma parcela da sociedade, e não somente aqui no Brasil, rejeitou as restrições, alegando que eram desnecessárias por meio de achincalhamentos de toda ordem, colocando a economia acima da vida.

Cheguei a receber uma mãe que esbravejava comigo pelo fechamento das escolas quando eu ocupava o cargo de secretário de educação de uma cidade, ao mesmo tempo em que os leitos dos hospitais estavam todos ocupados e pessoas indo a óbito toda hora. Ela estava embalada a vácuo numa desinformação que até hoje se perpetua; dizia que aquilo era um absurdo e que todos deveriam pegar o vírus para criar anticorpos, e que assim a pandemia acabaria. Calmo diante da gritaria de uma fala raivosa, perguntei-lhe se tinha coragem de expor o filho e depois ver o que aconteceria, e ela sem raciocinar me respondeu que sim, e que não tinha medo e que tudo não passava de uma gripezinha. Relato esse fato porque, meses depois, recebi a triste notícia de que essa mãe havia falecido em decorrência da covid-19, o que me deixou muito triste e me faz pensar até hoje sobre aquela conversa. Quanta maldade coletiva. As redes sociais viraram palco de especialistas, tentando desconstruir a ciência em função de interesses escusos.

A difícil tarefa de resgatar o humano em nós já levou a fracassos imensos. Em pleno século XXI, cercados de tanta informação disponibilizada pelo avanço incrível da tecnologia, não dá para justificar o tamanho do buraco civilizatório que criamos em nossa convivência social. Usamos aparatos tecnológicos mais para nos atacar do que para avançarmos e evoluirmos a partir das transformações com as quais o mundo moderno nos desafia. O desencanto passa pelo viés de nossa dignidade. Não podemos aceitar a naturalização da infâmia, do não reconhecimento das diferenças. É importante revisitarmos nossas estações de vivências para compreender que somos frutos do cuidado; alguém cuidou de nós, e isso vai além da família — envolve a escola, o trabalho e as mais variadas relações a que somos submetidos. Se fomos cuidados, por que não transcender isso para a nossa caminhada? Cuidar do que falamos, do que sentimos, dos próximos e dos distantes certamente faz do nosso meio um lugar mais amável, solidário e afetuoso.

Na filosofia aristotélica, encontramos a palavra *ataraxia*, a tranquilidade da alma que não se deixa levar pelas perturbações externas. Atingir a ataraxia era preponderante para filosofar com total desinteresse pelas pressões e exigências da coletividade. Estou em busca da tranquilidade da alma, entretanto os fatores externos se revelam os maiores desafios para conseguir se desprender de chateações e irritações deflagradas pelo convívio social. Nunca pensamos tanto sobre nos isolarmos, sobre ficar longe das relações coletivas, tudo parece enfadonho. Marcamos um compromisso e, na sequência, estamos confabulando formas de desmarcar. Uma fuga em direção a nós mesmos. Segundo Byung-Chul Han no livro *Sociedade do cansaço*, vivemos um mandado social, fazendo o possível em busca do êxito; saímos de uma sociedade disciplinar que nos impunha obrigações para uma sociedade cansada do dever e absolutamente enfadada de si mesma.

Estamos inseridos em uma coletividade essencialmente individualista, que se comporta de forma indiferente diante das tragédias, dores e sofrimento de seus semelhantes. O reacionarismo é o resultado do despertencimento que não leva em consideração a história, as diferentes origens das pessoas. Todos somos merecedores de atenção e cuidado, mas acontece o contrário, com narrativas absurdas atreladas à meritocracia e o discurso do "eu que fiz", como se em nenhum momento fôssemos codependentes e não precisássemos de ninguém e de nada para atingir nossos objetivos. Somos resultado da ajuda de alguém, não necessariamente econômica, mas de uma palavra de incentivo, de um abraço, dos aprendizados com outras pessoas. A prisão da sociedade do sucesso causa uma cegueira diante da solidariedade, da empatia, da alteridade e de tudo que é humano.

Como escritor, filósofo e palestrante, uso da mídia para propagar mensagens sobre a vida, o tempo e as coisas. Faço televisão e rádio com reflexões sobre o humano e o cotidiano. Recentemente, uma ouvinte da rádio me achou em uma rede social e me mandou uma mensagem longa sobre a interpretação dela de uma fala minha que ouvira naquele dia. Me relatou o quanto aquilo mexeu com sua mente, pois tudo o que estava fazendo era o contrário de uma vida boa a ser perseguida. Ela estava obcecada pela busca do sucesso, queria aparecer numa revista do mundo corporativo como a executiva do ano, comprometida com o trabalho acima até dos filhos e da família. Em seu perfil de um aplicativo de mensagens constava "*at work*" a todo tempo, para deixar bem claro como queria ser percebida. E confesso que não lembro exatamente a reflexão que ela ouviu, mas, pelo que ela me relatou, tinha a ver com o poema "O Tempo", de Mario Quintana, em minha opinião uma das mais belas reflexões sobre a temporalidade. Resumindo, não fui eu, mas o poema que a tocou, que lhe tirou as vendas dos olhos que a obsessão pelo sucesso nos coloca. Fico emocionado com essas situações advindas da reflexão, pois é importante nos ouvirmos.

Precisamos nos reencantar com o privilégio de estar vivo. Esse reencantamento passa por nós mesmos, pela maneira como damos sentido e significado às nossas escolhas, pelo modo como nos comportamos diante dos acasos e infortúnios e reconhecemos nossas limitações em meio a tanta ostentação barata; quantas pessoas posam de infalíveis, imbatíveis e cheias de positividade, querendo parecer algo que não se é, enganando a si mesmas?

Arthur Schopenhauer, no livro *Aforismos para a sabedoria de vida*, diz:

> *Os homens se assemelham às crianças que adquirem maus costumes quando mimadas; por isso, não se deve ser muito condescendente e amável com ninguém. Do mesmo modo como, via de regra, não se perderá um amigo por lhe negar um empréstimo, mas muito facilmente por lhe conceder, também*

não se perderá nenhum amigo por conta de um tratamento orgulhoso e um pouco negligente, mas amiúde em virtude de excessiva amabilidade e solicitude, que fazem com que ele se torne arrogante e insuportável, o que então produz a ruptura. Mas é sobretudo o pensamento de que precisamos das pessoas que lhes é absolutamente insuportável: petulância e presunção são as consequências inevitáveis.[4]

A falsa ideia de que somos autossustentáveis, de que não precisamos de ninguém e que podemos sozinhos resolver todas as situações é absolutamente contraditória, pois estamos o tempo todo numa codependência motopropulsora.

O desencanto também é seletivo, direcionado pela zona de conforto que estabelece, pela ordem econômica, o que me faz feliz e o que, de certa forma, me aborreceria se tirado de mim. Precisamos encontrar, diante dos equívocos da humanidade, condições de continuarmos a nos maravilhar e a nos encantar pelo que fazemos, que não seja somente por nós, mas pelos que amamos e precisam de nossa continuidade. Encantar-se, espantar-se, maravilhar-se é necessário para não sucumbirmos a uma existência fadada à tristeza e a sentimentos desastrosos que tiram as belezas, as delicadezas, a simplicidade e a amorosidade que a vida pode nos ofertar.

---

[4] Retirado de *Aforismos para a sabedoria de vida*, Martins Fontes (2002). Tradução de Jair Barboza.

"

RENOVE-SE
COMPLETAMENTE A CADA
DIA; FAÇA-O DE NOVO E DE
NOVO, E SEMPRE DE NOVO.

| DA XUE

CAPÍTULO 11

O VAZIO DA PERTENÇA

Em sua obra *A era do vazio*, Gilles Lipovetsky nos apresenta cenários desafiadores em tempos modernos, em que a individualização atropela os desejos coletivos. Esse vazio, segundo Lipovetsky, é o resultado da indiferença aos conteúdos, da comunicação sem finalidade e sem público, do desejo de se expressar e de se manifestar a respeito de nada. As redes sociais demonstram isso com profundidade: a saga da busca por milhões de seguidores e fama e visibilidade, independentemente do conteúdo disponibilizado, isso se ele existir. Não há preocupação com a maneira como a coletividade é afetada, deflagrando uma torre de babel incompreensível.

Temos em curso uma desatenção ao sentimento de pertença, de se reconhecer vulnerável num mundo iludido pelo mérito pessoal, pela noção de um sucesso que se divide entre os vencedores e fracassados. Estamos, ao longo do tempo, esvaziando nossos elos de pertencimento, de solidariedade, de respeito e alteridade, construindo imagens que se apresentam fortes, potentes e sólidas por fora e ocas por dentro, vazias de qualquer traço de humanidade, o que resulta numa apatia coletiva diante da dor, do sofrimento e do amor. Na busca insana por respostas, no caminho vamos abandonando as perguntas e nos distanciando dos valores de convivência e significados mais importantes do processo existencial. Estamos criando uma espiral niilista, uma espécie de negação trágica da vida, uma completa desvalorização e morte do sentido.

O apodrecimento das relações de convivência produz o horror, nos faz irracionais diante das diferenças, potencializa a intolerância e tudo que ela anula, cancela, destrói e corrói. É desafiador falar de bons sentimentos, discorrer sobre o amor e suas belezas, delicadezas e gentilezas. As redes sociais cada vez mais aguçam o não ser humano. A covardia e a crueldade se revelam através de faces ocultas que, trancadas em quartos escuros, disparam ódio, gritos e maledicência envoltos numa violência assustadora.

O grande escritor de língua portuguesa José Saramago nos lembra, em *Ensaio sobre a cegueira*, que o egoísmo, o comodismo, o conformismo, a falta de generosidade e as covardias do cotidiano contribuem para uma cegueira mental, que consiste em estar no mundo e não ver o mundo. Ou melhor, só ver dele o que, em cada momento, for de acordo com seus interesses. Uma vida interesseira sem qualquer pudor atropela tudo e qualquer coisa em função do egoísmo incontrolável, achando que será eterna e que nada e ninguém é o suficiente. Tudo isso compromete nossa capacidade em nos reconhecer diante dos absurdos, de saber que somos falíveis e que precisamos uns dos outros. Se faz urgente uma consciência do ser como resgate da dignidade para a reconstrução de um cotidiano mais harmonioso que nos permita reaprender a refletir sobre nossa humanidade.

Encurtemos os espaços que nos separam do que é comum, daquilo de que essencialmente precisamos para evoluir enquanto espécie e gestar uma nova cultura de pertencimento. O vazio faz barulho, seus ecos são atormentadores. Religar o essencial ao existencial nos ajuda a percorrer caminhos mais tranquilos para nos suportarmos enquanto coletivo. Na série *The Walking Dead*, num cenário de fim do mundo, os mortos esfomeados são o menor dos problemas; está nos vivos o grande perigo. O lado animal e irracional se evidencia na luta pela sobrevivência para um determinado grupo, mas, para o outro grupo, é visível o esforço para se manter sóbrio e preservar sua humanidade. Então eles relembram bons momentos a partir de afetos e memórias bonitas e, mesmo frente ao horror, conseguem achar alternativas para resgatar o respeito, a dignidade, a solidariedade e o amor. É evidente que não precisamos de tempos apocalípticos para experienciar as capacidades humanas, mas refletir sobre o caos nos ajuda a saber os descaminhos que não queremos trilhar.

Não precisamos de zumbis, apesar dos tantos mortos-vivos andando por aí, para testar nessa convivência. Basta seguirmos um pouco do que o estoicismo nos ensina sobre a vida boa, prazerosa, de menor sofrimento possível na busca da tranquilidade da alma. O filósofo-escravo Epicteto, mesmo diante da tragédia e de uma vivência de dor e sofrimento, nos ensina:

> *Das coisas existentes, algumas são encargos nossos; outras não. São encargos nossos o juízo, o impulso, o desejo, a repulsa — em suma: tudo quanto seja ação nossa. Não são encargos nossos o corpo, as posses, a reputação, os cargos públicos — em suma: tudo quanto não seja ação nossa. Por natureza, as coisas que são encargos nossos são livres, desobstruídas, sem entraves. As que não são encargos nossos são débeis, escravas,*

obstruídas de outrem. (...) Se te disserem que alguém, maldosamente, falou coisas terríveis de ti, não te defendas das coisas ditas, mas responde que "Ele desconhece meus outros defeitos, ou não mencionaria somente esses". [5]

É evidente que se trata de uma tarefa difícil em tempos atuais, mas nos abstermos desses absurdos nos ajuda a nos recompor em nossa condição humana para seguirmos adiante.

Precisamos voltar a nos divertir, a nos libertar dos cotidianos que nos coisificam e limitam nossa visão de mundo. Achar elos que nos unem é garantir por essência nosso estado de pertencimento social, uma pertença que ressignifique comportamentos diante da coletividade. Que possamos compreender que as diferenças são cruciais para a pluralidade, reconhecendo suas riquezas e dignidade. Quanto a meu livro *A arte de pertencer*, muitas pessoas me perguntam por que coloquei o termo "arte" no título, e até hoje reflito sobre quais respostas dar em cada circunstância em que surja a indagação. É preciso levar em conta que algumas questões já deveriam ser embrionárias entre nós, como o senso de cidadania, respeito, solidariedade e tolerância, mas que infelizmente não são; estamos ainda no retrabalho desses conceitos e, portanto, acredito que seja uma arte, um processo de confecção entender e conviver naturalmente com as próprias imperfeições e vulnerabilidades e compreendê-las como contínuas.

É necessário lembrarmos que somos humanos e, sendo assim, não podemos cair na armadilha do caos causada por nós mesmos quando agimos como animais numa disputa pela sobrevivência. Lembrando que tudo que existe na sociedade civil é artificial, foi feito por nós e pode ser mudado, alterado e transformado por nós. Não precisamos de uma disputa cruel e perversa para dizer

---

[5] Retirado de *O Encheirídion de Epicteto*, publicação da Universidade Federal de Sergipe (2012). Tradução de Aldo Dinucci e Alfredo Julien.

quem é mais e quem é menos, até porque a finitude é uma verdade absoluta da qual ninguém pode fugir. Passamos boa parte da vida na busca por sentidos, significados e propósitos para dar força à existência, mas há o perigo de aprisionarmos nossas virtudes em zonas de conforto que congelam nossos sonhos, ideais e visão de futuro. Vamos esvaziando as historicidades e criando abismos nas relações societais, e aos poucos tudo o que queremos é nos distanciar do que nos chama para a responsabilidade.

O vazio começa a nos dominar quando somos iludidos pelas honrarias do mundo, achando que, de fato, somos aquilo que o cargo, o status, os títulos e as bajulações decorrentes dessas representações inflamam em nosso ego, de tal maneira que esquecemos até de nossa humanidade. Um amigo me relatou o que vinha acontecendo com ele desde que deixara um importante cargo. Os convites para eventos, jantares, festas e outras benesses desapareceram do dia para a noite, e algumas pessoas nem mais falavam com ele. Decerto, ele tinha compreendido que o cargo era a representação de interesses e não exatamente de sua pessoa, mas, na reflexão comigo, me parecia que o aprisionamento dessas ilusões ainda o perseguia, e a melancolia era traço marcante em suas palavras de lamentação, fazendo o vazio dominá-lo por inteiro.

O sentimento de pertença apenas se sustenta em nós quando está alicerçado em nossa essência, consolidado por nossas trajetórias, valores e aprendizados dos quais somos resultado, e não por pilares construídos por representações de poder que definem nossas identidades a partir de critérios da sociedade que classifica sujeitos pelo que se tem e não pelo que se é.

“

CREIO NO RISO E NAS
LÁGRIMAS COMO ANTÍDOTOS
CONTRA O ÓDIO E O TERROR.

| CHARLES CHAPLIN

CAPÍTULO 12

O ÓDIO ESTÁ ENTRE NÓS

A história da humanidade comprova seus ciclos de misantropia. Confesso que, estando com quarenta e tantos anos, nunca tinha vivenciado isso de maneira tão intensa e visível nas relações. Existe um projeto, acredite se quiser, de ódio construído por imaginários doentios na busca de um paraíso que somente os iguais irão ocupar. Toda diferença deve ser aniquilada, destruída e destroçada, com vistas a perpetuar esse pensamento de dominação. A história do mundo, em tempos de negacionismo, já nos apresentou esses cenários tristes e que, de tempos em tempos, aparecem e são encarados com normalidade, angariando forte adesão. É a barata aplaudindo de pé o inseticida com veneração e obediência. A cultura do ódio é inoculada com vestimentas de bondade, por isso é um projeto pensado e planejado; não agem com amadorismo e embalam as narrativas em doutrinas religiosas e valores que supostamente defendem a instituição "família tradicional", ou seja, a família idealizada pelos "cidadãos de bem" que se comprometem com a pátria e se utilizam de um deus ao qual somente eles têm acesso, afinal. São seres especiais, iluminados e cheios da verdade, de acordo com eles mesmos.

Se utilizam de discursos reacionários e narrativas construídas a partir da ignorância. Outro dia, conversando com um amigo querido que foi abduzido por essa misantropia, eu insistia em reencontrar nele traços de sua humanidade esvaziada, em meio às repetições que ele usava para defender o inegociável, por exemplo, afirmando que uma vereadora do Rio de Janeiro foi morta porque não cumpriu acordos com os traficantes da comunidade dela. Em nenhum momento vi nesse antigo amigo, que, assim como eu, tem uma história de grandes privações sociais, um olhar de compadecimento sobre uma mulher negra que combatia a lógica perversa da exclusão, do autoritarismo e do elitismo dos quais ele tantas vezes foi vítima. Agora, por desfrutar de uma zona de conforto, o indivíduo em questão reproduz narrativas desacompanhadas de consciência de classe e desassociadas de sua própria história.

Meu amigo não tinha argumentos, ele tinha ódio por seus iguais numa falsa ilusão de que seu sucesso material adquirido lhe dava um lugar no topo, uma falácia propagada pela meritocracia colonialista. Um despertencer sem precedentes nos cerca de ódio disfarçado de opinião. Não é possível aceitar qualquer discurso contra a vida, contra a dignidade e contra tudo que envolve diferenças disfarçado de liberdade de opinião. Vivemos tempos preocupantes quando achamos que nada nos diz respeito e que há uma opinião dominante que deve ser seguida fielmente sem raciocínio ou reflexão sobre os perigos que ela pode deflagrar. Pensamento dominante não tem nada a ver com pensamento da maioria. São coisas diferentes, sendo o primeiro estabelecido pelos arranjos de poder que se direcionam de acordo com interesses econômicos, políticos e sociais. O pensamento da maioria pode não ser o mesmo, visto que esta se torna minoria por opressão, pois está submetida a esses grupos de dominação que ameaçam, mentem e discorrem arbitrariedades para intimidar os que de alguma forma dependem deles. Assim, a minoria vai se silenciando para não se indispor ou ser perseguida.

É como na teoria da espiral do silêncio, criada pela cientista Elisabeth Noelle-Neumann, que, analisando na década de 1970 o processo eleitoral da Alemanha, constatou que, por medo de isolamento e de reações adversas ao se posicionarem contrariamente a uma opinião percebida como da maioria, as pessoas vão se calando, optando pelo silêncio para evitar sofrer qualquer tipo de desgaste, chateação ou prejuízos em função de suas interlocuções que podem influenciar negativamente suas vidas. Não necessariamente ceder à opinião dominante significa que estamos do lado da verdade — pelo contrário, a história comprova de forma cruel que a opinião dominante pode não ser a melhor, como por exemplo, a corrente de pensamento nazista, que levou os alemães a cometerem atrocidades irracionais.

Em função de meu trabalho como filósofo, escritor e palestrante, tenho contato com grupo diversos da sociedade civil, o que, de certa forma, me traz variados olhares sobre o mesmo fato; apesar dos absurdos, acho isso de uma riqueza incrível que somente nós, seres racionais, somos capazes de produzir. Entretanto, neste momento de revolução tecnológica, quando supostamente deveríamos, com os ilimitados acessos ao conhecimento que nos é proporcionado, nos fortalecer enquanto espécie pensante, estamos nos digladiando pelo uso irresponsável da informação sem checar fontes, motivações e até mesmo as mentiras revestidas de conhecimento provocadores da desinformação e do caos.

É o caso de um amigo advogado que postou num grupo das redes sociais de que faço parte um vídeo cuja montagem era clara e óbvia, com erros grosseiros de edição, não sendo necessário ser um profissional da área digital para identificar tamanha traquinagem. Para evitar expô-lo no grupo, eu o chamei no particular e mencionei os equívocos do vídeo e como isso atravanca nossa comunicação razoável para a boa convivência. Meu amigo ficou bravo com minhas ponderações e, sem argumentos — ou, pelo menos como o advogado que é, sem checar as fontes, premissa de sua profissão —, ele simplesmente, num rompante emocional movido pelo ódio gratuito, me disse que, mesmo que o vídeo tivesse conteúdo sem compromisso com a verdade ou os fatos, ele compartilharia do mesmo jeito, pois não podia conter sua ojeriza pelas pessoas (que ele nunca viu e nem conhecia pessoalmente) que eram vilipendiadas no vídeo, e que tudo que fosse para humilhá-las ou julgá-las ele faria sem hesitar. Parece até novela mexicana, mas não terminou por aí a contenda. Passados alguns meses, recebi uma ligação de um amigo que também faz parte desse grupo de mensagens. Ele, com a voz ofegante, me relatava que o amigo advogado tinha sido preso por manipulação de dados de um órgão federal. Ao desligar a ligação, fui checar o ocorrido e, em uma velocidade incrível, foram borbulhando mensagens de todos os tipos sobre ele, com comentários recheados de especulações, interpretações e maldades promovidos pelos dedos de pessoas escondidas atrás de uma tela para difamar, humilhar e pulverizar o veneno do ódio entre humanos.

É lógico que me ocorreu a conversa de meses antes, quando, na ocasião, o sujeito fazia o papel de algoz e, agora, era vítima do próprio sistema que acolhera, permeado por intolerâncias. Não podemos normalizar o ódio, pois seus ciclos tendem a se voltar contra nós mesmos.

Jamais esquecerei uma reflexão sobre o Sagrado x Segredo, do rabino brasileiro Nilton Bonder, em que ele afirma que nossa bênção não depende da maldição do outro e que, ao ficarmos felizes pela bênção que cai sobre o outro, descobrimos aspectos de interdependência, pois nosso espírito se faz humilde; ou seja, a bênção contagia, não se fragmenta. Isso revela um potencial para a sensibilidade muito especial e nos convoca a repensar o porquê de estarmos nos odiando tanto. Se pensarmos bem sobre quem odiamos, não lembraremos nem a razão disso.

Na teogonia, pensamento que antecede a filosofia, encontramos Éris, a deusa da discórdia, do ódio, da desavença, da contenda, do conflito, do confronto, da violência e afins. A presença de Éris sempre vai destruir, prejudicar e vilipendiar alguém. Quantas almas tocadas por ela vivem entre nós, trazendo sentimentos ruins que nos afetam de maneira destrutiva? Pessoas que não se importam com a dor do outro, que são incapazes de ser empáticas e, por vezes, se ocultam em um disfarce de bondade institucional, o que as torna ainda mais assustadoras quando por acaso as descobrimos. Por onde passam, causam dor e sofrimento e, de tão acostumadas a instalarem o caos, agem com naturalidade, justificando as maldades por meio de ironia e insensatez. Nossa sorte é que temos o deus Eros, que expande a energia vital capaz de nos conectar com amor e aviva em nós bons sentimentos, apesar da maldade que o humano produz.

"

A AMOROSIDADE DE QUE FALO, O SONHO PELO QUAL BRIGO E PARA CUJA REALIZAÇÃO ME PREPARO PERMANENTEMENTE, EXIGEM EM MIM, NA MINHA EXPERIÊNCIA SOCIAL, OUTRA QUALIDADE: A CORAGEM DE LUTAR AO LADO DA CORAGEM DE AMAR!

| PAULO FREIRE

"

CAPÍTULO 13

**AMOROSIDADE COMO
RECUPERAÇÃO DO SER EM NÓS**

Se tem uma palavra que eu adoro é a palavra amorosidade; tanto na forma escrita quanto falada, a sonoridade já a explica. A amorosidade pode servir de ferramenta para a recuperação do ser em nós, para não nos abatermos diante do fracasso humano. Para muitos, falar de amor e de seus efeitos virou frivolidade, mas eu ainda acredito que o amor nos liberta, nos salva e nos traz esperança. Mesmo que os infortúnios possam nos colocar para baixo, podemos nos amparar na ideia de que a amorosidade nos erguerá novamente. Sou fruto de um lar cheio de amorosidade. Experienciei, diante das adversidades, seu poder transformador e acolhedor, e, num mundo cheio de maldades, é muito especial estar imerso em bons afetos. Nós gostamos quando somos tratados com respeito e educação. É como dizem: "Respeito é bom e eu gosto." Sim, gostamos quando o ambiente favorece comportamentos gentis, acolhedores e respeitosos. Nos sentimos agraciados e temos a impressão de que achamos nosso lugar no mundo.

Certa vez, fui palestrar num evento na linda Belo Horizonte e constatei a reconhecida hospitalidade dos mineiros enquanto lá estive. Em um dos dias, aproveitei para conhecer e passear pela cidade. Gosto de caminhar, mais ainda por lugares a que estou indo pela primeira vez, o que me permite observar detalhes e belezas que, de outra forma, talvez não fosse possível perceber. Na volta, perdi a direção do hotel e resolvi perguntar para um senhor que estava no ponto de ônibus, e ele gentilmente me explicou em detalhes o trajeto inteiro que eu deveria fazer. Agradeci a atenção dedicada e continuei a caminhada, já tendo andado uma quadra quando, do nada, ouvi repetidamente uma voz ecoando: "moço... moço...". Olhei para trás e vi o mesmo senhor, ofegante, pedindo para eu esperar. Chegou perto de mim, suando e demonstrando profundo cansaço físico devido a já ter uma certa idade, e me disse: "Moço, me desculpe, falei errado. Não é a terceira à esquerda e sim a quarta rua à direita." É sensacional quando somos contemplados pela amorosidade. Fiquei impactado com o gesto daquele senhor, preocupado comigo na busca do caminho certo. Quantas pessoas nos ajudaram a achar o caminho certo, correndo atrás de nós no esforço de nos salvar de caminhos tortuosos, nos quais talvez ficássemos presos e não tivéssemos a chance de continuar caminhando? Que cuidado carinhoso, amoroso, solidário, gentil e humanizante que aquele senhor me deu! Não me conhecia, nunca tinha me visto, sequer sabia meu nome e, mesmo assim, me acalentou com a tarefa mais linda do humano: o saber cuidar.

Dedicar cuidado aos outros é a revolução mais transformadora que podemos fazer. Uma revolução silenciosa, sem danos e que aos poucos vai conquistando territórios do humano antes descuidados pela aridez, mágoa, angústia, dor e sofrimento. O cuidado equivale aos braços do amor. É o que toca, acolhe, envolve e nos irriga em tempos de sequidão. Somos resultado do cuidado ou, em sua ausência, do descuido. Sem contar que também somos abandonados por nós mesmos, e vamos nos esvaziando de esperança e nos enchendo de frustrações, decepções e maus afetos. Cuidar é um estado de doação, e não recepção. Quem apenas espera pelo cuidado não vive a experiência da troca, uma arte do encontro que dignifica a existência. Isso vale para todas as relações: as amizades, os relacionamentos amorosos e o trato com os próximos, distantes, diferentes e desconhecidos.

Em certo momento, realizei trabalhos em comunidades sertanejas do nordeste brasileiro. Lá, conheci pessoas incríveis que me possibilitaram experienciar situações que fortaleceram minha visão de mundo. Me esvaziei de olhares confortáveis e costumeiros que, de certa forma, me limitavam a aprender, a conhecer e a sair de mim mesmo. Já era final do dia, o entardecer chegava com toda sua beleza para nos dar a notícia de que o luar do sertão se aproximava. Tínhamos percorrido várias comunidades e, de última hora, recebi um convite para dialogar com um grupo de lideranças comunitárias, que aceitei de pronto, pois aqueles eram momentos muito especiais, e eu sabia que o aprendizado seria intenso e singular.

O local era uma associação construída por eles mesmos a pau a pique: as paredes eram de barro; o chão batido, de cimento; e a simplicidade virava luxo com os detalhes artesanais em cada canto. Depois de uma boa prosa, fui apresentado a um jovem chamado Aquiles, um poeta do sertão. Ele me mostrou suas poesias e contos de cordel feitos por ele à mão, uma riqueza em detalhes que impressionava: as páginas eram costuradas com linhas vermelhas, e a capa, ilustrada com lápis de cor, formando o pôr do sol sertanejo. Seu pai, devidamente orgulhoso, me contava sobre a dedicação do filho, que Aquiles tinha nascido para as palavras e que era o primeiro que aprendera a ler e escrever na família. Mas o que me chamou a atenção foi o carinho da comunidade pelo jovem poeta, e aos poucos fui compreendendo esse sentimento de pertença, Aquiles retratava em seus textos a vida daquelas pessoas, cada um tinha uma história contada por ele e protagonizavam a arte daquele menino de sentimento nos olhos e um coração cheio de afetos por seu povo. A amorosidade em sua forma humana contagiava o ambiente, e eu saí de lá emocionado por conta do que vi e ouvi, e ainda por cima fiquei amigo de Aquiles. Passados mais de quatorze anos, até hoje nos falamos por telefone e redes sociais.

É sobre esse cuidado que precisamos falar e refletir, e precisamos buscar alternativas para resgatar movimentos cotidianos de pertencimento. Um saber cuidar que seja embrionário em nossas relações. Que possamos nos reconhecer no espaço comum como participantes da vida, e que entendamos que tudo o que nos difere não é para nos distanciar e sim um motivo a mais para nos aproximarmos e aprendermos a conviver. Quando alguém nos dá atenção é imediata a sensação de pertença, nos sentimos acolhidos e somos tomados pela gratidão e por seus frutos. O que temos a dar e a contribuir para um mundo melhor não está no dinheiro e nas coisas materiais, e sim na maneira como encaramos a vida e reconhecemos nossa finitude e o fato de que tudo ruma em direção ao desaparecimento. Dinheiro, fama, sucesso e bens materiais não têm lugar no cemitério. Para refletir, trago mais uma história Sufi, intitulada "Dando o que tem":

> *Um sábio chegou à cidade de Akbar, mas as pessoas não deram muita importância. Conseguiu reunir em torno de si apenas alguns jovens, enquanto o resto dos habitantes ironizava seu trabalho. Passeava com os poucos discípulos pela rua principal, quando um grupo de homens e mulheres começou a insultá-lo. Ao invés de fingir que ignorava o que acontecia, o sábio foi até eles*

e abençoou-os. Ao sair dali, um dos discípulos comentou: "Eles dizem coisas horríveis e o senhor responde com belas palavras." O sábio respondeu: "Cada um de nós só pode oferecer o que tem."

Tem gente que apenas tem e não é. Vive uma pobreza de ser tão grande, que apenas estabelece relações sobre o que se tem como critério de pertença entre os iguais que não se reconhecem pelo que são — suas histórias, lutas, amores, dores, sonhos, superação e sentimentos humanizantes. Isso vale para os que destilam ódio e maus agouros por onde passam, são secos de amorosidade e tumultuam a vida alheia. Mas, por serem humanos, acredito que podem reverter esses comportamentos, por isso é necessária uma consciência coletiva do *ser*, que confronte a liquidez das relações consubstanciadas pelo querer *ter*, acumular, consumir e se apropriar dentro de uma espiral de coisificação.

O escritor Leonardo Boff e seu livro Saber cuidar nos presentearam com uma das mais lindas visões sobre a necessidade do cuidado. O autor nos conclama para a tarefa de zelar uns pelos outros e, assim, preservar o planeta. O cuidado deve estar incutido no conceito de cidadania, sendo praticado na convivência social como responsabilidade pessoal, civil e social. Não podemos negligenciar essa tarefa, principalmente pelas próximas gerações que, em função do desenvolvimento tecnológico, tendem a se relacionar mais através de máquinas, assim robotizando sentidos e significados; de certa forma, já vivenciamos essa realidade. Não há mais como protelar essa discussão, nada pode substituir a ação humana, que é capaz de reverter os maiores absurdos praticados por nós mesmos. Precisamos cuidar das imagens que nos habitam. Imagens ruins consolidam sentimentos ruins que nos levam a situações ruins. É prudente revisitarmos nossas boas imagens, que nos trazem esperança e bons afetos para agirmos com solidariedade, respeito, amorosidade, gentileza, tolerância, mansidão e que nos fazem transbordar boas coisas para outros. Que possamos achar uma pedagogia de afetos que nos conduza aos aprendizados primordiais. Que possamos compreender que somente aprendemos a ter quando aprendemos a ser. A partir disso, fortalecemos nosso saber para conviver com dignidade.

66

HÁ UMA EXUBERÂNCIA NA BONDADE QUE PARECE SER MALDADE.

| FRIEDRICH NIETZSCHE

CAPÍTULO 14

BONDADE COMO MERCADORIA

Assim como em meus outros livros, chego à constatação de que há um calendário extraoficial em vigor no Brasil, ou seja, temos datas marcadas para sermos bonzinhos, solidários, altruístas e candidatos ao reino dos céus. Em datas como Dia das Crianças, Natal, Páscoa e outros é comum uma explosão de gente autointitulada do bem aparecer e registrar detalhadamente suas benemerências. As redes sociais viram palcos angelicais para postagens de natureza bondosa, com doações através de campanhas solidárias ou textos santarrões que elevam o espírito e a alma até dos anjos. Talvez você, leitor, esteja identificando certa ironia da parte deste autor, considerando que as ações são válidas e que tudo que é feito para o bem das pessoas tem que ser acolhido e louvado. Sim, certamente concordo, entretanto, no dia seguinte, tudo volta ao normal: pessoas atacando pessoas, discursos de ódio gratuito, desrespeito, falta de educação, indelicadezas e arrogância em plena atividade.

A bondade é exposta como produto de prateleira, usada de acordo com conveniências ou na busca de uma boa conduta moral representativa. Não basta parecer bom, é preciso fabricar provas disso para que outros testemunhem. Com certeza você conhece pessoas que, logo pela manhã, em algum grupo de mensagens virtuais, postam textos espiritualizados que trazem "bom dia" em letras garrafais, atestando sua conexão com o divino, falando em nome dele para abençoar e profetizar que tudo dará certo. Assim, vamos nos acostumando com a ideia pós-moderna de que fazer o bem é questão de estética e de obtenção de lucro.

É o exemplo de qualquer evento organizado por alguma socialite que, por desencargo weberiano por ter muito, resolve doar um pouco para os que nada têm. E, para publicizar sua alma generosa, contrata um programa exibicionista da elite do bem para fazer a cobertura; assim, quando for entrevistada, ouvirá coisas como: "Mas que maravilhoso isso! Você, uma pessoa superocupada, com tantos afazeres, ainda acha tempo para ajudar os pobres." Ela, ansiosa, ajeitando o cabelo e se posicionando em seu melhor ângulo para a câmera, diz: "Sabe o que é, na verdade isso lava minha alma e, no fim, estou fazendo o bem para mim mesma." Uma cafonice que se perpetua ainda entre nós, colocando a bondade como mercadoria.

Essa ostentação do bem é típica daqueles que acreditam que ações solidárias se definem por aquilo que possuem e pelo que falta aos outros, partindo do pressuposto de que os "ajudados" não têm nada a oferecer, o que reforça ainda mais o egoísmo e a vaidade embutidos nessas pretensas boas intenções. Oprimir, julgar e açoitar é o que muitas vezes fazem quando ninguém está vendo. A pandemia nos exigiu o cuidado coletivo como tarefa determinante para salvarmos vidas, e o que se apresentou foi uma trágica constatação de quanto nos esvaziamos de humanidade, uma autossabotagem que revela uma crise de civilidade, diante de um vírus que levou mais de seiscentas mil vidas em nosso país.

Criamos um vazio nas relações de pertença. O que outrora era comum para cuidarmos uns dos outros — como ajudar um idoso a atravessar uma rua movimentada de veículos ou se compadecer da dor do outro com a simplicidade de um abraço, de um ombro amigo e do calor humano — agora se tornou um desafio para resgatarmos nossa condição humana. Tudo parece exigir o espetáculo, a ostentação, o show da solidariedade para impressionar e atrair seguidores e reconhecedores.

Outro dia, conversando com minha filha, ela me relatava sobre uma dessas pseudocelebridades da internet, um religioso que se apresenta também musicalmente e que virou o aclamado dos famosos. Achei interessante a abordagem dela sobre o camarada em questão e, mesmo sabendo de quem se tratava, me comportei como insciente e deixei-a fluir com suas observações, que eram curiosas e peculiares. Ela estava indignada pelo fato de a pessoa viver da religião e pela ostentação disfarçada de preocupação que o sujeito exibia. Entre tantas e tantas considerações, ela chegou ao ponto central. Minha filha fez um comentário na rede social do religioso famoso, mencionando gratidão por um texto bonito que ele havia publicado e que mexeu com ela por conta de uma memória dolorosa da infância: a morte do tio, ainda jovem e ativo que num instante desapareceu deste mundo. Ela vivenciou a perda de alguém e, mesmo que a tenhamos envolvido de amor, ela reviveu uma anamnese ao ler as palavras do moço religioso. Entretanto, o que lhe chamou a atenção foi o fato de ele estar online curtindo os comentários, e ela percebeu que as tais curtidas estavam concentradas num critério de quem o moço bonito, religioso e famoso entendia como seus iguais, ou seja, se fosse um famoso que comentou algo, ele imediatamente curtia e comentava na sequência; agora, se fosse um reles mortal, desconhecido, ou uma jovenzinha que atestava sua emoção, não era vista e nem percebida. Fiquei impressionado com a maneira como isso a afetou e, como pai, não como filósofo, apenas me preocupei em abraçá-la, sem nenhuma palavra, para fazer com que sentisse meu amor, que era incondicional, sem critérios escusos.

Trago esse relato não para gerar especulações, mas sim para refletir que as representações de amor estão baseadas no imediatismo moral do ter, que julga o outro pelo que tem e não pelo que é, com sua origem e singularidade. É necessário pensarmos sobre isso, em como estamos estabelecendo nossas relações de pertencimento social. Deveríamos ter como base comum o entendimento de que ninguém tem o direito de ferir a dignidade de ninguém, que somos vulneráveis e, portanto, sempre vamos precisar dos outros, inclusive quando daqui partirmos, já que a finitude do corpo é óbvia e que alguém terá que escolher nosso caixão e pagar pelas despesas em meio à dor inevitável.

Não somos melhores que ninguém e não é necessário a morte para nos dizer isso. Precisamos nos proteger para que nossa dignidade não seja vilipendiada por nós mesmos; somos os malfeitores das dores do mundo, mas podemos alterar a rota, vigiando nossas ações, sendo responsáveis com nossa existência, dando sentido, significados e valor outro àqueles ao nosso redor. Todos nós merecemos uma segunda chance.

Por isso, sentimentos como a solidariedade, o respeito, a empatia e tudo que deles deflagram devem estar impregnados em nosso comportamento coletivo de forma embrionária, como escudos para a proteção da dignidade. Devemos gestar uma cultura do ser para potencializar a condição humana como chamado permanente, ressignificando o cotidiano em busca de aprendermos mais sobre a humanidade e o quanto ainda temos que evoluir sem nos destruir. É fundamental a ligação dos nossos saberes ao que somos, dando assim sinergia entre o existencial e o essencial para combatermos o vazio insatisfatório do ter, que materializa e robotiza nossas vidas.

A bondade como mercadoria é um dos resultados de nosso fracasso enquanto espécie. Temos uma tarefa urgente para o tempo presente: sermos bons uns com os outros sem interesses subjetivos. Isso faz com que respiremos bem, onde estivermos, sem que a maldade, a maledicência, a inveja, a intolerância, a arrogância, a falta de respeito e todos os maus afetos nos contaminem e nos anulem. Somos efêmeros, temporários, então, que pelo menos vivamos com amor e todo o seu poder transformador.

> TUDO TEM O SEU TEMPO DETERMINADO E HÁ TEMPO PARA TODO PROPÓSITO DEBAIXO DO CÉU: HÁ TEMPO DE NASCER E TEMPO DE MORRER; TEMPO DE CHORAR E TEMPO DE RIR; TEMPO DE ABRAÇAR E TEMPO DE AFASTAR-SE; TEMPO DE AMAR E TEMPO DE ABORRECER; TEMPO DE GUERRA E TEMPO DE PAZ.
>
> | ECLESIASTES

CAPÍTULO 15

O TEMPO E SUA VIVACIDADE

Lembro-me de um diálogo que li, certa vez, entre o filósofo oriental Confúcio e seus discípulos, em que, questionado sobre o tempo, o pensador discorreu mais ou menos assim:

O mestre disse: "Aos quinze anos, dediquei-me de coração a aprender; aos trinta, tomei uma posição; aos quarenta, livrei-me das dúvidas; aos cinquenta, entendi o Decreto do Céu; aos sessenta, meus ouvidos foram sintonizados; aos setenta, segui o meu coração, sem passar dos limites." [6]

---

6 Retirado de *Os Analectos*, editora L&PM Pocket (2011). Tradução do inglês de Caroline Chang.

Esse não quebrar as regras de Confúcio determina nossa capacidade civilizatória, que é justamente o que nos diferencia das outras espécies. Quando não temos consciência do absurdo de Henri Bergson, que, em sua filosofia do absurdismo, constata que o tempo, apesar de ser a coisa mais importante que temos para pensar e refletir, é a coisa em que menos queremos nos debruçar, dado o enrosco que nos coloca diante da vida, estamos em apuros. Bergson nos alerta de algo óbvio: nos esquecemos que o tempo passa e que tudo se esvai, assim vamos a caminho do desaparecer das coisas, de nós, de quem e do que amamos, enfim, tudo ruma ao inevitável desaparecimento. Para Bergson, o tempo é um processo; e por vivermos no tempo, na temporalidade, com passado e presente, isso confirma que não somos permanentes; somos um processo de existir. Sendo a realidade construída por transformações, o que desaparece dá lugar a novas coisas.

É importante também lembrar que o tempo sempre foi tratado pela filosofia e pelas religiões dentro da perspectiva da eternidade, sendo escamoteado de sua transitoriedade e finitude. De fato, o tempo é um fator de angústia e insegurança, gerando um desconforto existencial, sobretudo quando pensamos na morte. Por isso, apesar do absurdo em si, temos que trilhar nossa trajetória com vivacidade, fazendo o melhor possível.

É como a cama arrumada, de que todos nós gostamos, pois nada é mais confortável do que se deitar sobre lençóis esticados, travesseiros impecáveis e alinhados nas fronhas. Mesmo sabendo que logo tudo estará novamente desarrumado, voltamos à tarefa repetitiva de arrumar mais uma vez. É um exemplo da postura que deveríamos ter em todas as esferas da vida.

Necessário lembrar de Albert Camus, que diz existir apenas uma questão verdadeiramente séria sobre a qual refletir: o suicídio. E tudo perpassa pela angústia da falta de sentido na vida, então responder à questão se vale a pena ou não viver é fundamental. Precisamos conviver com o absurdo, mesmo ao constatar que nascemos, crescemos, estudamos, trabalhamos, amamos e lutamos tanto para sobreviver, apenas para que depois tudo se esvaia com o último sussurro da morte em nosso ouvido. Camus, em sua obra *O mito de Sísifo*, revela o grande absurdo da vida por meio da labuta de Sísifo carregando uma pedra montanha acima mesmo sabendo que ela despencaria de novo e de novo. Ele não esmorece e recomeça, por mais absurda que seja a tarefa, e isso vale para qualquer tarefa humana, já que Sísifo mantém sua consciência e continua o trabalho, pois a luta para conduzir e fazer a pedra chegar ao cume da montanha basta para encher o coração dele.

Pensar no tempo e, dentro dele, nossa temporalidade requer urgência, acima de tudo sobre como estamos dando potência ao processo de existir. Vejo pessoas se comportando como se fossem eternas, achando que o cargo que ocupam e as riquezas que possuem serão perpétuos, mas, escravizadas pela ilusão material, se esquecem do mais importante: das relações de afetos, da experiência das coisas simples da vida e do não desperdício do tempo com aquilo que não agrega. Se esquecem também de que não é um amontoado de bens que deixamos ao partir, e sim aquilo com que impactamos a vida das pessoas através de nossas atitudes e comportamento, sendo gentis, generosos, solidários, respeitosos, amorosos, empáticos, verdadeiros, humildes e praticantes de alteridade, reconhecendo as diferenças e a dignidade que há nelas.

Isso me faz lembrar de um de meus trabalhos sociais na Angola, onde pude desfrutar de grandes vivências e testemunhar nobreza de caráter singular. Ao final de uma formação, fui convidado por um aluno para conhecer sua comunidade, suas raízes e origem. Era um domingo, e estava um lindo dia, com o céu azul sem nenhuma nuvem, pessoas andando pelas ruas, igrejas cheias, crianças por toda parte corriam, inocentes, tornando o ambiente mais bonito e agradável. Há um equívoco em acreditar nos estereótipos ocidentais de pobreza atribuídos ao continente africano, como se a tragédia estivesse em todo lugar; é necessária uma ruptura com relação a essa visão distorcida. Foi na África que encontrei riquezas que o reino do capital é incapaz de compreender, uma abundância luxuosa de cultura, pertença, alteridade e humanidade. Quando chegamos à comunidade do amigo, fui apresentado de forma ritualizada, fizeram uma roda à minha volta e cantaram em Umbundo saudações de bons afetos, que depois foram traduzidas, e eu fiquei maravilhado com tamanho respeito e acolhida cheia de generosidade. Como é bom ser bem recebido e como pecamos no trato com as pessoas; estamos sempre correndo contra o tempo, sendo imediatistas e impacientes. Não temos tempo para cultivar sentimentos como a gratidão, que tem o poder de nos humanizar de uma forma tão especial. Na pandemia de covid-19, ficou escancarado que precisamos resgatar os bons sentimentos, ser o abraço que acolhe em momentos desafiadores. E por que ainda continuamos nos digladiando, nos ofendendo e causando tanto mal uns aos outros?

Quanto amor experienciei naquele dia que passei na comunidade do amigo angolano, quantos gestos delicados, sorrisos sinceros, abraços calorosos e olhares de amor vi por toda parte. Perturbado pelos modelos de "vida feliz" da sociedade de consumo, tal como é o caso no Brasil, fiquei observando que aquelas pessoas não possuíam nada desse modelo capital, mas tinham o principal: uma comunidade de sentidos e significados que as interligavam. Sabiam de fato o que era ser feliz. Desde o alimento compartilhado às danças para externar alegria, aquelas pessoas sabiam o que valia a pena e era importante nesta vida, neste tempo.

Isso me atormenta até hoje quando vejo nossa incapacidade de nos relacionar com o mundo e com tudo que dentro dele está, pois, mesmo tendo em vista todo sofrimento causado pela pandemia, com milhares de mortes, ainda continuamos dando pouca importância para a temporalidade, que vai passar e não voltará. Mario Quintana, um dos maiores poetas de língua portuguesa, nos dá um presente que vai além de sua poesia. No poema "Seiscentos e sessenta e seis", Quintana nos desafia:

> *A vida é uns deveres que nós trouxemos para fazer em casa.*
> *Quando se vê, já são 6 horas: há tempo...*
> *Quando se vê, já é sexta-feira...*
> *Quando se vê, passaram 60 anos!*
> *Agora, é tarde demais para ser reprovado...*
> *E se me dessem — um dia — uma outra oportunidade,*
> *eu nem olhava o relógio*
> *seguia sempre em frente...*
> *e iria jogando pelo caminho a casca dourada e inútil das horas.*[7]

---

[7] Retirado de *Nova antologia poética*, Editora Globo (2005).

"

O CUIDADO, HOJE, NÃO É UMA OPÇÃO. OU APRENDEMOS A CUIDAR, OU VAMOS TODOS PERECER. CUIDAR DE NÓS MESMOS, CUIDAR DOS OUTROS, CUIDAR DO PLANETA.

| **BERNARDO TORO,** EM PALESTRA PARA O TEDxAMAZÔNIA

CAPÍTULO 16

SOCIEDADE DO ÊXITO

Na sociedade do êxito, o resultado é mais importante do que a experiência. Não importa a historicidade social, a falácia da meritocracia é critério para o mundo dos bem-sucedidos. Basta observarmos que esses modelos de sucesso do *ter* acabam norteando como devemos pensar, nos comportar e ser diante da opressão estética, material e escrava de representações morais. Bernardo Toro, educador colombiano, declarou o seguinte em palestra para o TEDxAmazônia (disponível no YouTube):

> [Vivemos um] paradoxo: por um lado, podemos desaparecer, e por outro, podemos atingir um nível superior de humanização. A pergunta é como resolver esse paradoxo. Não o podemos resolver com o mesmo paradigma que nos trouxe até aqui, o paradigma do êxito. Precisamos buscar um paradigma melhor, e a proposta é que esse paradigma melhor é o cuidado. (...) Fomos ensinados que o intelecto é um bem privado, guerreiro, para vencer e ganhar, para triunfar e para tirar uma nota alta no vestibular. Formamos uma inteligência guerreira, para ser o melhor, o mais bonito, o mais poderoso. Não podemos sobreviver no planeta com esse intelecto. Precisamos passar da inteligência guerreira para a inteligência altruísta, à inteligência solidária.

Uma inteligência solidária para que possamos nos encontrar como espécie e nos reconhecer, tendo o cuidado de adotarmos uma pedagogia do *ser* para que possamos nos alfabetizar de bons afetos, rompendo com essa lógica perversa de que o ter é que nos condiciona ao sucesso. Vivemos uma estrangeirização entre os iguais, uma separação de acordo com uma ordem econômica que determina nosso pertencimento. E isso faz com que aceitemos com naturalidade a ideia de sucesso do mundo pós-moderno; trata-se do "chegou lá", como se "chegar lá" bastasse para dizer ao mundo que alguém é mais importante, que tem voz e mais possibilidade de intervir no mundo. Penso que o "chegar lá" como é entendido hoje envolve um objetivo limitado, que é estar no pódio e passar a propagar a lógica perversa da exclusão.

Certamente você, leitor, já sentiu em algum momento uma angústia em ter que responder às representações de papéis sociais, para que, de algum jeito, pudesse ser aceito em determinados grupos societais. E, decerto, isso faz parte da vida em sociedade, e não quero aqui inaugurar um novo sistema, mas sim lembrar da nossa condição humana que fica refém da estrutura que açoita nossos desejos, sonhos e paz. Em tempos de discursos inflamados de "eu sou", "eu posso", "eu escolho", é importante conhecer a si mesmo para não sucumbir ao "eu" egocêntrico que é vendido pela sociedade do êxito. Sócrates, quando oraliza a maior literatura da autoajuda com seu "conhece-te a ti mesmo", quer nos dizer que, se nos conhecermos, conheceremos nossos valores, pois somente assim podemos planejar e nos preparar para a vida coletiva. Quem de fato se conhece, com suas dores e amores, limitações e potenciais não negocia sua historicidade, não se vende e muito menos se ilude com o mundo. Pois, quem se conhece, sabe verdadeiramente como é visto pelo lado de fora — e, portanto, seu lado de dentro está protegido dos maus afetos que podem comprometer sua dignidade —, ao ponto de saber como será lembrado, porque o "conhecer a si mesmo" nos ajuda a saber o que é verdade ou mentira sobre nós.

O modelo empacotado do sucesso nos impõe uma ridicularização do nosso estar no mundo, como se a vida se resumisse em coisificarmos o humano em nós, em uma busca insana da felicidade através do que se tem e não do que se quer ou sente, com a projeção de um futuro que talvez não possamos conhecer, e assim vamos comprometendo nossa visão de mundo de tal forma que nos acostumamos com os vazios disfarçados de valores. Percebo uma busca de desculpas tranquilizadoras que insistimos em tratar com normalidade sob o caos civilizatório a que estamos submetidos. Basta acessar as redes sociais, e o espetáculo do vazio escancara nosso narcisismo escondido por trás de uma tela.

O escritor Machado de Assis definiu, em sua época, sem imaginar que estava entoando uma profecia, o seguinte: "Existem dois tipos de país dentro do Brasil. O oficial, dos privilegiados, e o real, originalmente do povo. O oficial é caricato e burlesco e o real revela os melhores talentos." Prefiro o real, que faz justiça ao termo utilizado por Machado, que não depende do ter para dizer quem se é, que se alegra com as simples coisas da vida, e isso obviamente não tem nada a ver com nível econômico, pois podemos ter acesso ao poder aquisitivo e continuar sentindo o mundo em sua totalidade, desde que o *ter* não nos tenha.

Na sociedade do êxito, parecemos viver um delírio do socialmente aceitável, em que as pessoas atuam como se seus interlocutores pensassem ou sentissem o mundo exatamente como elas, e, quando isso não acontece, excluem os diferentes e criam bolhas sociais que, em algum momento, podem explodir se as zonas de conforto forem enfim colocadas em xeque. É necessário lembrar que vivemos numa mesma temporalidade, num único planeta, e que somos o outro de alguém na arte de conviver, e nos questionarmos o porquê de negarmos a alteridade. O movimento de comparação com outros exacerba a competição, como se tudo se baseasse em olhar ao redor e, de acordo com critérios econômicos, medirmos se estamos ou não mais protegidos em nossas zonas de conforto, pensamento que se estende até para sentimentos humanizantes como a compaixão. Quando se vê o outro em situação de vulnerabilidade, em vez de refletirmos sobre o sofrimento e o quanto aquilo é injusto e compromete a dignidade da pessoa, vamos logo agradecendo ao divino por não estarmos naquela situação, como li certa vez em um trecho de uma meditação:

> *Eu estava faminto e vocês formaram um clube de humanidades e discutiram a fome. Eu estava doente e vocês agradeceram a Deus por sua boa saúde. Eu estava sozinho e vocês me deixaram só enquanto diziam estar rezando por mim. Vocês parecem tão santos, tão próximos de Deus, mas eu continuo com fome, continuo sozinho e continuo com frio.*[8]

---

[8] Retirado de *As nove lições essenciais que aprendi sobre a vida*, de Harold Kushner, editora BestSeller (2016). Tradução de Cecília C. Bartalotti.

É notório o esvaziamento de sentimentos humanizantes entre nós quando tudo que parece importante é centrado no êxito a qualquer custo, inclusive de nossa dignidade. Estamos cada vez mais escravos do status social, do cargo que ocupamos, dos reconhecimentos do mundo e agimos de maneira irreconhecível diante desse caos existencial que tanto exala rancor, ressentimento, ódio, intolerância e violências entre nós. Em minha trajetória profissional, já ocupei cargos de micro e macropoder, em especial na área da educação, em que fui secretário de governos em algumas oportunidades, e me lembro de uma situação que me marcou. Eu estava visitando um centro de reabilitação para pessoas com deficiências e observei uma mãe chegando com a filha para uma sessão de fisioterapia, toda suada e aparentemente exausta. Mal chegou, e a atendente, nada educada, já foi a repreendendo pelo atraso e, de forma nada gentil, usou duras palavras com aquela mãe.

Fiquei observando a certa distância, fora do campo de visão da atendente, que continuava ríspida e exageradamente fora do tom. Me aproximei com a diretora que me acompanhava na visita, que também presenciou a cena e estava visivelmente constrangida pela má conduta da servidora, que, quando me viu, ficou assustada, talvez em dúvida se vi ou não o que acabara de acontecer. Cumprimentei-a com um sorriso e continuei a visitação para não a constranger, e sem dizer nada a diretora me sinalizou com os olhos que tomaria providências. Se passou um tempo, e então eu estava dentro do meu carro parado no semáforo quando vi aquela mãe descendo de um ônibus com a filha. Quando ela foi atravessar a avenida, colocou a criança nas costas, que pela deficiência física tinha baixa mobilidade, e foi andando a passos largos; ela era uma mulher de baixa estatura e tinha uma força incrível no cuidado com a menina. Observei que a mãe estava indo em direção ao centro de reabilitação público, que ficava em torno de quatro ou mais quadras do ponto de ônibus. Rapidamente, consegui me aproximar delas, estacionei o carro e lhes ofereci uma carona. Ela me reconheceu no mesmo instante, aceitando de bom grado, e fomos conversando até o local. Ouvi em poucos minutos uma linda história de amor desde o nascimento da filha, que era a caçula de quatro filhos.

Depois que a mulher desceu do carro, me agradecendo com uma simplicidade singular, fiquei refletindo sobre muitas coisas, principalmente pelas situações que ela enfrentava, como aquela no centro público de reabilitação, sofrendo o desrespeito, o olhar de indiferença de pessoas que não imaginavam a luta daquela senhora todos os dias, que chegou atrasada por carregar nas costas, debaixo de um sol escaldante, a filha adolescente para o tratamento. Como é importante reconhecermos a história das pessoas e saber que, assim como nós, elas têm suas batalhas, infortúnios e dificuldades! A vida de novela no Leblon não acontece para todos, estamos sujeitos às intempéries e vulnerabilidades pelo fato de serem apenas humanos. Quanto tempo desperdiçamos focando em bens materiais e nos sujeitando a manipulações da ordem econômica que insiste em nos acusar de fracassados! Entendo que o maior fracasso não está em não atingir os critérios de sucesso estabelecidos tendenciosamente pela sociedade do êxito, mas sim em ser alvo dos insultos, achincalhações e humilhações que tanto ferem nossa dignidade; e, por não os combatermos e acharmos que quando acontece com o outro não nos diz respeito, acabamos sendo em qualquer momento vítimas de nossa própria omissão.

O tempo presente nos convoca para uma rede de pertença, não em termos do que possuímos, mas sim do que somos e como queremos ser respeitados num mundo de indivíduos que ainda não se reconhecem, que insistem em achar que são eternos e que nada os atingirá em suas zonas de conforto. Precisamos urgentemente de um levante de amorosidade, generosidade, solidariedade, respeito, alteridade e tudo que abraça, acolhe as diferenças para podermos esperançar alternativas diferentes dessas que consolidamos desde os tempos da Colônia, quando queríamos estar perto do rei para dizer que éramos alguém, que éramos importantes, assim iniciando um caminho violento e cruel que destruiu tantas vidas, sonhos, desejos e esperança.

> CONHECER A TERNURA NÃO QUER DIZER OMITIR TODA AQUELA VIOLÊNCIA QUE CARREGAMOS DENTRO DE NÓS, ESCONDENDO-NOS NUMA URNA DE CRISTAL ONDE ATÉ NOMEÁ-LA É PROSCRITO.

| LUIS CARLOS RESTREPO, *O DIREITO À TERNURA*

CAPÍTULO 17

O QUE FAREMOS?

O grande escritor argentino Jorge Luís Borges contou certa vez a história de um sujeito que, ao morrer, chega ao Céu, e Deus o recebe com todo amor e carinho e faz questão de apresentar a eternidade para o recém-chegado. Após concluir a visita, o sujeito percebe que o Céu está vazio; espantado, ele pergunta para Deus: "Senhor, por acaso eu sou o primeiro homem bom a chegar no Céu?" E Deus, com sobriedade divina, responde: "É óbvio que não. É que para todos que aqui chegam eu faço uma pergunta, e todos acabam desistindo do céu." E o sujeito, ainda mais curioso, diz: "Qual é a pergunta?" E Deus dispara: "O que você amou tanto na Terra e que faria na eternidade?" Dentre tantas possíveis reflexões sobre essa história, tem uma que afeta a todos nós: a consciente e inconsciente alienação às coisas deste mundo, pois, apesar de sua transitoriedade, somos incapazes de raciocinar sobre nossa temporalidade.

Ficamos presos e condicionados às nossas sombras na caverna de Platão, achando que não há vida fora dos apegos que damos à existência. E acabamos nos privando das belezas que há lá fora, das gratuidades delicadas da vida, em que o Eros é o motor que nos move para tudo o que amamos e nos faz bem. E isso não é coisa de outro mundo, está no campo do possível, podemos sim alterar a rota nefasta da hiperindividualização que nos imobiliza diante da dor alheia, é tempo de revisitarmos conceitos de convivência social para resgatarmos o humano em nós. Que não precisemos mais explicar às novas gerações o que é respeito, solidariedade, compaixão e tolerância como conceitos indissociáveis do que somos, sendo embrionariamente enraizados desde a primeira infância, para que possamos nos reconhecer como iguais no espaço comum; e que todas as diferenças sejam valorizadas, e não motivo de conflitos que nos diminuem enquanto espécie.

O desafio em reestabelecer o cuidado e atenção como tarefa primordial para se pensar novos modelos societais requer uma reeducação afetiva do mundo adulto e uma inoculação de reflexões humanizantes para as novas gerações. Por isso, não há mais tempo a perder, precisamos de um novo letramento de sentidos e de significantes que nos permita reencontrar uma pedagogia do *ser*, a fim de sermos uns para os outros jardins acolhedores para germinar e florescer o belo e o mágico em meio à temporalidade. Isso me lembra quando estive em Trinidade e Tobago. Conversando com nativos da ilha de Tobago, comentei sobre um grupo de pessoas que encontrara dias antes; elas estavam de mãos dadas e entonavam uma frase não identificável aos meus ouvidos, talvez algum dialeto local. O que me chamou a atenção foi o fato de estarem entregues àquele momento, com uma expressão de tranquilidade da alma estampada em seus rostos, uma alegria incomum e serena.

Quando relatei isso ao pessoal, eles me explicaram que se tratava de um momento de contemplação da natureza, um ritual de agradecimento pela gratuidade de nossa existência, pelo cuidado da mãe natureza com a vida e com tudo que dela potencializa nossa humanidade.

O cuidado deve ser a alma consciencial do processo de existir, já que tudo ruma ao desaparecimento, conforme nos ensinou Bergson; que pelo menos possamos, então, dar potência a esse tempo, que nos escapa silenciosamente enquanto achamos que estamos no controle. É importante colocarmos em pauta o estar neste mundo e a maneira como nos relacionamos com o meio ao redor e o nosso centro, pois uma vida que não tem sentido é uma vida que não tem centro, e que está sempre caindo pelas bordas numa angustiante busca de si. A pergunta sobre o que faremos também passa pelas imagens que nos habitam e pelo modo como elas definem nossa visão de mundo. Imagens e cenários são resultados de nossas estações de vivências; e isso se torna assustador quando ainda não conseguimos compreender nossa interdependência como fator preponderante para dedicarmos mais atenção à nossa convivência.

Em tempos atuais, é nítido que uma patologia pós-moderna nos ronda — a doença da ausência dentro dos relacionamentos. Além das dificuldades que a hiperindividualidade nos trouxe, estamos sempre procurando a ausência para nos defender do esgotamento social. É como se não estivéssemos presentes em nada, começamos algo já querendo ver o término, tudo tem que ser acelerado tendo o fim à vista. Entramos na escola para sair dela, adoramos ser ex-alunos de tudo, estranhamos qualquer traço de permanência, nos parecendo um insulto que afronta os padrões da cultura *self*.

O escritor argentino Rodolfo Terragno, em um de seus discursos, disse: "Somos usuários de raio x e transistores, tubos catódicos e memórias eletrônicas, mas não incorporamos os fundamentos da cultura em nossa própria cultura." Somos capazes de assimilar tanta inovação tecnológica, lidar com algoritmos complexos, naturalizamos os robôs entre nós, mas não conseguimos ainda nos reconhecer como iguais, nos aceitando e nos acolhendo como espécie. Ao longo da história, somos sempre assombrados por períodos de retrocessos. Desde a infância, ouço que o humano está fadado ao fracasso, que ninguém pensa em ninguém e que a maldade está por todos os lados. Isso sempre me soou estranho aos ouvidos, pois na verdade estamos falando de nós mesmos pois, até onde sabemos, nenhum de nós nasceu em Marte. Considerando que o conceito de sociedade grego é artificial e não natural, criado por humanos, pode ser recriado, reconduzido e reinventado a todo momento.

Não compreendo a destruição que causamos a nós mesmos, como nos acostumamos com a dor, o sofrimento e a humilhação. É necessário voltarmos a reagir ao intolerável, sermos combativos diante de situações em que nossa dignidade é colocada à prova. Me entristece a alma quando vejo pessoas de minhas relações de afetos, amigos e familiares com discursos reacionários e, em grande parte, movidos por um ódio que contradiz suas histórias de vida. Que tempos estranhos quando humanos aplaudem a desgraça de outros humanos, em que até instituições religiosas, que deveriam ter como base o diferencial da acolhida, agora pregam mensagens raivosas e intempestivas, contrariando inclusive as próprias escrituras. Não consigo imaginar uma divindade que odeie, que precise de armas para aniquilar o inimigo, que aparte os diferentes, que puna o amor ou que se regozije na dor alheia.

E assistimos a tudo como se não fosse conosco, achando que nada pode nos atingir, mergulhados em nossas ilhas existenciais até que, de alguma forma, nossas bolhas sejam estouradas, atingindo quem amamos, vitimizados por nossa opacidade. Escrevo pensando num diálogo com outro amigo de infância que, de forma infeliz, me dizia que essa "coisa de homossexualidade" era criação da esquerda, que para ele "tinha que morrer tudo". Em doses homeopáticas, eu o contradizia, fazendo-o pensar no equívoco de sua fala; de certa forma, eu dava um desconto não somente pelo tempo de amizade, mas também considerando a idiotização legitimada por autoridades do nosso país, as quais, em vez de governar, através da desinformação, vão arregimentado idiotizados culturais como esse meu amigo. Até que, em determinado ponto da contenda, eu o lembrei de que ele tinha filhos ainda crianças e que não poderia despejar seu ódio gratuito sem saber o que viria pela frente, e ele ficou ainda mais irritado, afirmando que em sua casa tinha disciplina e valores que norteariam as escolhas de suas crias. Ele apenas se esqueceu de que eu o conhecia muito bem e sabia que, atrás de seu discurso conservador e moralista, tinha uma alma corrompível, e que tudo que ele condena na frente dos outros, faz com vivacidade no obscurantismo.

Pode parecer a você, leitor, um pouco intimista o relato acima, mas é apenas para ilustrar que não podemos mais sucumbir a essa espiral de silêncio e que é tempo de reagirmos às frentes do sectarismo — que vociferam ódios de anulação das vontades —, de identidades e desmantelamento de liberdades, movidos por falácias que contrariam a natureza humana (que é diversa), tentando acometer, por meio de extremismos, a incerteza, a ansiedade e o medo. Enquanto isso, os líderes se aproveitam, tomando vinhos caros e rindo de suas marionetes. Precisamos reconstruir um projeto de vida em que possamos resgatar em nós uma cultura de pertencimento através do respeito e do cuidado. A vida nos impõe suas intempéries, somos todos vulneráveis e não há o super-humano, que com seus poderes imortaliza suas vontades. Somos continuidade dentro da temporalidade, então, queiramos ou não, seremos um passado, não vamos mais aqui estar; por isso, é tão importante nos reconciliarmos com a vida, porque, quando ofendemos e machucamos o entorno, seja lá por qual convicção, estamos ferindo a nós mesmos.

"

A FELICIDADE É O BEM MAIOR, SENDO A REALIZAÇÃO E PRÁTICA PERFEITA DA VIRTUDE QUE ALGUNS CONSEGUEM ALCANÇAR, ENQUANTO OUTROS TÊM POUCO OU NADA DELA.

| ARISTÓTELES

"

CAPÍTULO 18

EUDAIMONIA COLETIVA

Aristóteles, em *Ética a Nicômaco*, reflete sobre a felicidade como o bem maior, afirmando que viver bem é buscar o bem, sendo essa a verdadeira razão da existência humana. Que possamos dar potência à Eudaimonia como conceito de coletividade, com virtudes enraizadas no processo de existir em justa medida, sem a falta ou excesso de coragem, liberalidade, temperança, magnificência, magnanimidade, respeito próprio para respeitar os outros, paciência, humor, amizade, modéstia e veracidade. Não há mundo melhor se não formos melhores com o mundo, com as pessoas, com as coisas e com tudo em que a ação humana é capaz de intervir.

A sociedade do vazio não perdoa quem ainda fala de amor. Seus competidores colocam sempre a dúvida como artifício de desconstrução dos bons afetos. Não querem nada preenchido de sentidos e significados, com medo do barulho que isso causa. Estão sempre em vigilância inquisitória, não suportam a revolução da qual os sentimentos são capazes. Entretanto, sabem da força motopropulsora que o humano mostra quando despertado para a prática da esperança, da generosidade, da solidariedade e de tudo que transforma e transborda através da ação do amar. Uma revolução sem armas, sem tanques de guerra e sem patentes, que age silenciosamente através de um abraço, de uma escuta sincera, de uma palavra de consolo, do respeito sem acepção, do olhar dirigido pela atenção, da aceitação das diferenças, religando em nós o essencial.

Por uma alfabetização e letramento de afetos sinérgicos, que possam unificar a linguagem do respeito. Aprendi isso com uma senhora analfabeta das letras seculares, que jamais escreveu um artigo, que jamais saiu na televisão, mas que foi a protagonista de minha educação de afetos, minha avó Maria Benedita de Jesus, que usou e usa a linguagem do amor até hoje — mesmo não estando mais no tempo coletivo, porém vivíssima em meu tempo — para me mostrar que o mais importante é acolhermos as pessoas, dirigindo nossa atenção, com apreço, à vida que ali está. A linguagem dos afetos toca o coração das pessoas, despertando bons pensamentos e contagiando o nosso entorno.

Uma Eudaimonia coletiva em que o *daimon* nos convida, sussurrando em nossos ouvidos, à urgência de uma comunidade de sentidos, de uma interdependência que não anula a individualidade, mas que maximiza a autonomia. Nunca foi tão necessário termos um repertório emocional coletivo, com uma profunda reflexão sobre o que estamos fazendo conosco e com o nosso espaço comum, onde deveríamos conviver com a nossa pluralidade sem o medo e o terror que tanto nos intimida.

É como se estivéssemos esperando Prometeu, o amigo dos homens, roubar uma centelha do fogo celeste e trazê-la à Terra para nos reanimar sem nos preocuparmos com o castigo de Zeus. Vivemos um tempo de exaustão, de opacidade humana, que cria uma inércia diante das belezas de se maravilhar, de se espantar e se avivar com boas novas. De fato, tudo parece sem graça, sem cor, sem brilho, e não paramos para pensar que isso reflete exatamente nosso comportamento coletivo, que acaba determinando a fadiga social e tensionando os músculos da solidariedade, da compaixão, do perdão, da generosidade e daquilo que nos sustenta em tempos difíceis.

Um sentimento de vigilância nos amortece, com câmeras espalhadas por todos os lados, nos monitorando com chips, algoritmos e tecnologias variadas — que nos leem por onde passamos, sempre com objetivos de nos vender algo —, nos mapeando apenas como potenciais consumidores. Imagine se tudo isso pudesse nos ajudar no campo da convivência e da pertença, algoritmos que identificassem nossa apatia ou sentimentos ruins, como o ódio e a indiferença, e acionassem os sites de buscas com palavras-chaves destacadas, nos alertando para o resgate da nossa humanidade. Quem sabe não poderíamos receber conselhos como ame mais; seja cordial; seja gentil; respeite as diferenças; seja solidário; seja honesto; abrace; acolha; não trate mal as pessoas; peça desculpas; perdoe; seja grato; volte atrás; reconsidere; se permita ser feliz; viva a alegria; se refaça; você tem valor; não minta; não engane; não exagere; seja simples; não seja arrogante; respire; seja responsável; viva a vida; ajude; se compadeça; não menospreze; cuide; seja bondoso; seja generoso; não inveje; não humilhe; ouça mais; fale menos; observe; admire; contemple; curta o momento; desacelere; acelere; esteja presente; cuidado com as ausências; seja uma bênção; cuidado com as palavras; seja humilde e carinhoso; tenha mansidão e temperança; se acalme; tenha esperança; seja a esperança; trate bem; ouça os seus silêncios; medite; se purifique; se arrisque; ouse; aja mais; partilhe; compartilhe; aprenda; conheça; experiencie; não amaldiçoe; não acuse; não julgue; pense; repense; esteja sóbrio; se contenha; não se contenha; avance; recue; e tantos outros para tecnologicamente também recuperarmos a condição humana.

Por uma cidadania que não esteja somente no ato da lei — votar, pagar impostos, não roubar o que é do outro —, mas em suas entrelinhas, no campo da alteridade, reconhecendo-se como parte do meio dentro de uma perspectiva humanizante, para que possamos esperançar dias melhores. E insisto em dizer que isso não é algo sobrenatural, ou uma mera falácia dos "10 passos para ser feliz"; pelo contrário, está dentro do possível, basta começarmos por nós mesmos, revendo o nosso comportamento. Se achamos que o outro é o inferno, é preciso lembrar que também somos o outro de alguém, e como queremos ser tratados é o resultado de nosso agir com os próximos, os distantes e os diferentes. Por uma cidadania empática, em que o consumo não nos defina. Por uma cidadania voltada para o outro, tal como definiu o geógrafo Milton Santos no programa *Roda Viva*: "Cidadão é o que doa e não o que recebe."

Mencionei no prólogo que escrevo não para terminar, mas para começar. Que este livro possa ter continuidade entre aqueles que se incomodaram, tendo o inconformismo como condutor de transformação. Precisamos agir contra a malevolência social, preenchendo a sociedade do vazio com humanidade e com capacidade racional de cultivar os bons afetos. Não há mais tempo a perder, as novas gerações já mostram traços de desumanização, não sentem mais o espanto, o maravilhamento, o encantamento diante da vida. É necessário revisitarmos o modelo vigente de convivência em sociedade, descortinando o fracasso enquanto espécie que se autodestrói, que não se respeita, que comete tanta crueldade com os seus semelhantes. O tempo está passando. Qual rastro queremos deixar neste mundo diante de nossa finitude? Como queremos ser lembrados quando não estivermos mais por aqui?

O teólogo David Steindl-Rast, num diálogo com o padre Anselm Grün (que depois resultou no livro *O depósito da nossa fé*), quando questionado sobre os rastros que deixamos nesta caminhada chamada vida, discorreu assim:

> *Isso faz muito sentido para mim. Em minha própria experiência, encontrei três perguntas simples que precisava fazer a mim mesmo quando não sei que decisão tomar diante de questões pequenas ou muito importantes. A primeira pergunta que faço é: "O que me deixaria feliz?"; isso revela o que há de melhor e de mais singular dentro de mim. O que realmente me deixaria feliz? A segunda pergunta (nesse mesmo contexto daquilo que me deixaria feliz): "Quais são os meus talentos?" É incrível como determinadas pessoas desejam algo para o qual não possuem qualquer talento. Querem fazer algo, mas não possuem esse dom. Eu, por exemplo, adoraria andar de patins. Imagino isso como algo divino: deslizar sobre o chão. Às vezes, sonho com isso. Mas não tenho esse dom. Então, o que realmente me deixaria feliz e o que sei fazer? Por fim, a terceira e mais importante pergunta: "O que a vida me oferece?" E aqui entra em jogo a vocação. A vida me chama para algo, me oferece essa oportunidade que preciso aproveitar. O que importa é colaborar com aquilo que a vida misteriosa e sempre surpreendente oferece a cada instante.*[9]

Para fazer essas perguntas, precisamos nos alfabetizar de sentidos, afetos e significados; jamais serão respondidas na lógica do poder, do dinheiro ou da violência. Escrevi um livro chamado *O que te move?*, e até hoje as pessoas que o leram me devolvem a pergunta do título, à qual respondo em qualquer contexto: "O que me

---

[9] Retirado de *O depósito da nossa fé*, editora Vozes (2017). Tradução de Markus A. Hediger.

move é saber que o extraordinário pode me acontecer a qualquer momento." Precisamos nos reencontrar com a vida, nos encantar com suas belezas, com suas simplicidades, para que possamos nos libertar do manual do cotidiano moderno que nos direciona para estruturas robotizantes, como se fôssemos conduzidos por controles remotos de acordo os interesses da consumolatria. Por uma sociedade que se reconheça não pelo que se tem, mas por aquilo que se é, com nossas imperfeições, limitações e diferenças, rompendo a lógica perversa e cruel da injustiça, da desigualdade e da indiferença. Que os bons afetos, enfim, possam preencher a sociedade do vazio.

"É preciso ter esperança, mas ter esperança do verbo esperançar, porque tem gente que tem esperança do verbo esperar. E esperança do verbo esperar não é esperança, é espera. Esperançar é se levantar, esperançar é ir atrás, esperançar é juntar-se com os outros para fazer de outro modo."

Paulo Freire
Pedagogia da esperança